조음음운치료 시리즈 1

말소리장애 아동 및 느린학습자를 위한 12단계

메타음운중재 프로그램

고유경 · 김수진 공저

학지사

머리말

말소리장애는 그 원인이 매우 다양하여 특정하기 어렵기 때문에, 잠재적 원인이나 증상에 따라 하위 유형으로 분류하여 접근하고 있다. 따라서 아동의 말소리 문제는 특정 말소리에 대한 발음 문제만을 보이는 경우도 있지만, 대부분의 경우는 두 가지 이상의 복합적인 문제들이 함께 나타나기도 한다. 아동에게 나타나는 증상에 따라 적용되는 치료법은 달라져야 하며, 말소리장애 증상이 복합적으로 나타나는 경우에는 해결의 우선순위를 정해야 한다. 그리고 아동의 복합적인 증상과 발달 단계에 맞게 바로 적용할 수 있는 치료법이 단계별로 세부적이고 구체적인 프로그램으로 개발·보급되어야 한다.

말소리장애를 치료해야 하는 실습 과정이나 임상 초기에는 다양한 사례를 실제로 비교해 본 경험이 제한적이므로, 증상에 따라 비교하고 복합적인 증상들에 체계적으로 접근하기보다는 오류 발음을 동일한 방식으로 적용하여 치료하는 실수를 범할 수 있다. 말소리장애 아동의 발음 문제를 치료하기에 앞서 아동에게 필요한 치료 접근법을 확인하기 위해 심화진단을 실시하고, 구분해야 한다. 증상에 맞는 치료 접근의 분류 가운데 가장 기본적인 것은, 말운동 차원의 문제인 조음장애로 접근할 것인지, 음운론적인 언어학적 문제인 음운장애로 접근할 것인지 결정하는 것이다.

음운처리에 결함이 있는 말소리장애는, 머릿속 음운체계의 문제로 인해 음운을 청지각적으로 변별하는 능력이 취약하여, 음운변별에서부터 어려움을 가지고 있어 음운을 인식하는 과제에서도 어려움을 보인다. 이러한 음운처리의 결함은 말소리 산출뿐 아니라 언어능력과 더불어 읽기와 쓰기 등 학문적 기반이 되는 가장 기초적인 능력에서도 어려움을 보일 수 있는 경우가 많다. 그러므로 이렇게 음운처리 결함이 있는 아동에게 필요한 근거기반의 효과적인 접근법을 적용해야 한다.

말소리장애 현장에서 효율적인 치료를 위해서 Dodd 등(2006)은 증상에 따라 하위 유형을 나누어 접근할 것을 권했는데, 이때 중요한 증상 기준은 오류패턴의 일관성과 오류의 비일관성을 보이는지 분석하는 것이다. 비일관성을 보이는 경우에는 이를 먼저 치료해야 한다. Dodd 등(2006)의 말소리장애 증상별 하위 유형에 따라 특징은 〈표 1〉과 같이 요약된다.

<표 1> 증상에 따른 말소리장애의 하위 유형별 특징

특징	조음장애	음운지연	일관적 음운장애	비일관적 음운장애
원인	발음기관 운동 문제	머릿속의 음운체계 문제		
심각도	약함	약함	중간-심함	심함
전형적 오류패턴	없음	있음	있음	있음
비전형적 오류패턴	없음	없음	있음	있음
음운인식문제	중간*	있음	있음	있음
언어장애동반	비율 ↓	비율 ↓	비율 ↑	비율 ↑
문해력 문제	없음	없음	있음	있음
문장복잡성 수행문제	없음	없음	중간	있음
사회경제적 문제	심각할수록 낮음 →			
치료기간	심각할수록 많은 기간 필요 →			

* 연구 대상자의 연령, 연구방법에 따라 차이가 있음, 다른 결과를 보임

이번에 출판되는 『메타음운중재 프로그램』을 시작으로 '조음음운치료 시리즈'는 임상 현장에서 말소리장애 아동의 하위 유형과 복합적인 증상에 맞는 접근법을 현장에서 바로 적용할 수 있도록 기획하여 연속적으로 출판할 계획이 있다. 이 시리즈에서는 국내외 근거기반 연구에 의해 입증된 접근법으로 치료 방법을 소개하고, 치료실에서 바로 사용할 수 있는 워크시트를 제공한다.

우선 기획된 세 가지 접근법(메타음운중재 프로그램, 핵심어휘중재 프로그램, 다중감각중재 프로그램)은 말소리장애 증상별 치료법들 중에서 언어장애 또는 지적장애를 동반한 아동들까지 어렵지 않게 적용할 수 있는 것으로 구성하였고, 보다 명확한 방법 제시를 위해 접근법들의 단계별 연습 방법은 QR 코드로 접근하면 치료 동영상을 확인할 수 있도록 하였다. 또한 임상 현장에서 별도의 자료 제작 없이도 바로 사용할 수 있도록 연습 과제로 활용할 수 있는 다양한 그림 자료를 제시하였다.

세 가지 접근법의 세부 특징은 다음과 같다.

1. 시리즈의 첫 번째 책은 음운장애로 진단된 아동의 음운오류패턴을 제거하여 정확한 발음을 산출하도록 돕는 『메타음운중재 프로그램』이다.

1권 『메타음운중재 프로그램』은 12단계로 구성되어 있으며, 청지각적으로 음운변별이 어려운 아동을 위한 음운변별 연습부터 목표음을 문장 수준에서 정조음 산출을 목표로 하는 과정까지, 음운적으로 취약한 모든 아동들이 순차적으로 사용할 수 있도록 촘촘하게 구성하였다.

이 접근법에서 소개하는 음운인식 연습 방법은 말소리장애뿐만 아니라 글자해독의 어려움으로 낮은 읽기· 쓰기 수행력을 보이는 느린학습자의 음운인식 능력 향상을 위한 목적으로도 사용할 수 있다. 음운인식 연습 과제는 난이도별로 순차적으로 배치하였으며, 음운인식 과제 유형별 읽기·쓰기의 수행과제에서 도움이 되는 영역을 안내하여 영역별 집중 연습이 필요한 음운인식 과제 확인이 용이하도록 하였다.

2. 시리즈의 두 번째 책은 아동이 비일관성으로 산출하는 음운오류를 일관된 산출로 변화시켜 명료도를 높이는 『핵심어휘중재 프로그램』이다. 비일관적인 음운오류를 보이는 아동의 경우, 핵심어휘중재 프로그램을 우선 사용하여 일관성을 확립하고 난 후에 음운오류패턴 제거를 위해 다른 음운적 치료 접근법을 사용해야 한다.

핵심어휘중재 프로그램은 말소리장애 아동을 위한 다른 접근법과는 달리 아동이 오류를 보이는 목표음을 대상으로 하지 않고, 아동이 오류를 보이는 어휘들 중에서 일상에서 많이 사용하지만 일관성이 확립되지 않은 고빈도 어휘를 대상으로 계획한다.

이처럼 제한된 어휘목록을 가진 아동과 더불어 아동마다 사용하는 고빈도 어휘가 다를 수 있으므로, 임상에서 개개의 아동에게 필요한 어휘 그림을 제작하는 데 어려울 수 있다. 뿐만 아니라, 사용하는 어휘가 50개 미만으로 한정된 어휘만을 사용하는 아동에게 필요한 어휘를 수집하는 데도 한계가 있을 것이다.

2권에서는 이러한 임상에서의 한계점을 최소화하기 위해 2세에서 4세 사이 아동들의 고빈도 어휘를 선행연구들에서 수집하여 해당 그림들을 수록하였다. 또한 사용하는 어휘가 50개 미만인 아동의 발달 수준에 맞게 습득하여야 할 어휘목록과 그림들도 수록하였다.

3. 시리즈의 세 번째 책은 발음기관의 운동 문제로 인해 발음을 구성하는 데 어려움을 보이는 아동의 조음 문제를 해결하기 위한 『다중감각중재 프로그램』이다.

이 접근법에서 제공하는 감각자극인 시각·촉각·청각자극을 모음과 자음별로 제공하는 방법을 구체적으로 제시하였고, 세 가지 감각자극을 아동에게 제공하고 제거하는 시점에 대한 기준을 객관적인 근거에 의해 명시하였다.

이 세 가지 접근법은 아동에게 나타나는 증상유형에 따라 단독으로 또는 순차적으로 혹은 병렬로 통합하여 적용할 수 있다. 말운동 차원의 다중감각중재 프로그램은 순서에 관계없이 필요할 때 병행하여 사용할 수 있을 것이다. 만약 비일관성이 있는 아동이라면 핵심어휘중재 프로그램을 먼저 적용해야 한다. 그러나 핵심어휘중재 프로그램만으로는 말소리 오류를 개선시키는 데 한계가 있으며, 어느 정도 일관성이 확보되면 바로 다른 음운적 접근법으로 치료해야 한다. 그렇기 때문에 최소대립쌍을 이용한 치료나 주기법 혹은 메타음운중재 프로그램을 권한다. 다음은 복합적인 문제를 갖고 있는 말소리장애 아동에게 이번 '조음음운치료 시리즈'에 소개한 세 가지 치료 접근을 적용하는 경우 추천하는 방법이다.

복합적인 문제를 갖고 있는 말소리장애 아동을 위한 활용 가이드
비일관성, 다양한 오류패턴, 말운동 문제

1. 비일관성: '정확한 발음'이 아닌, 같은 단어를 일관적으로 산출하도록 하는 것을 목표로 두는 접근법을 먼저 사용한다.

근거기반 연구들에서 비일관성 음운오류는 정확한 발음 산출을 목표로 하는 치료로는 효과를 얻을 수 없고, 가장 효과적인 방법은 '핵심어휘중재 프로그램'을 사용할 것을 제안한다. 최근 말소리장애를 진단하는 검사도구(UTAP2; 김영태 외, 2020)에서 비일관성 음운장애를 감별할 수 있는 문항이 추가되어 비일관성을 판단할 수 있다. 임상 현장에서는 많은 아동이 비일관성을 보인다고 보고되고 있으며, 이를 해결하기 위한 구체적 치료법이 필요하다.

이 시리즈의 2권은 『핵심어휘중재 프로그램』으로 비일관성 음운장애아동의 일관성 확립에 초점을 두고 있다.

2. 다양한 오류패턴: 음운 일관성을 확립한 후에는 음운치료법을 사용하는 것이 효과적이다.

핵심어휘중재 프로그램으로 음운 일관성을 확립한 후에는 조음접근법만으로는 효과가 없기 때문에 후속 치료방법인 음운접근법을 실시해야 한다. 최초에 비일관적 음운장애로 진단되어 심한 말소리장애 유형으로 분류된 아동의 대부분은 말 산출에서 어려움뿐만 아니라, 말소리를 소리로 구분하는 데도 어려움을 가진다. 또한 언어장애 동반에서도 높은 비율을 나타내는 집단에 속한다. 이러한 어려움을 해결하기 위해 음운변별부터 음운대조, 음운산출에 이르기까지 음운 전 영역에 걸쳐 치료를 계획해야 하며, 언어장애 동반아동까지 쉽게 접근할 수 있는 접근법을 사용해야 한다.

이러한 요구사항을 반영하여 아동에게 수준별로 필요한 방법을 세부단계로 구분하여 적용할 수 있을 뿐만 아니라, 언어장애와 지적장애 아동까지 사용할 수 있는 『메타음운중재 프로그램』을 시리즈의 1권으로 구성하여 개발하였다.

3. 조음(말운동 문제): 조음장애와 음운장애를 동반한 아동은 음운접근법만으로는 효과가 없다.

심한 말소리장애 아동일수록 음운장애와 함께 발음기관의 운동성 문제를 보이는 조음장애가 동시에 나타나는 경우가 많다. 이와 같이 두 가지 문제가 동시에 나타나는 아동의 경우는 음운 오류패턴 제거를 위한 '메타음운중재 프로그램' 적용과 함께 조음치료를 동시에 적용하는 것이 치료 효과를 극대화할 수 있다.

대부분의 많은 자음에서 정확한 발음 산출 경험이 부족했던 아동일수록 다양한 감각자극을 동원하여 아동이 많은 단서를 통해 목표발음을 정확히 산출할 수 있도록 지원해야 한다. 이 시리즈의 3권인 『다중감각중재 프로그램』은 단서의 위치, 입모양 등을 제공하는 시각자극과 정확한 발음을 제공하는 청각자극, 직접적 촉각자극을 동시에 또는 순차적으로 사용하여 모방만으로는 자발적으로 발음을 생성하기 어려운 아동까지 사용할 수 있도록 하는 데 초점을 두고 개발하였다.

메타음운중재 프로그램과 다중감각중재 프로그램을 동시에 사용해야 하는 아동을 치료할 때 두 프로그램을 병행 사용하는 경우의 구체적인 가이드는 이 시리즈의 1권 『메타음운중재 프로그램』에 제시하였다.

'조음음운치료 시리즈'의 프로그램이 임상 현장에서 말소리장애를 치료하는 데 실질적으로 도움이 되기를 기대한다.

프로그램 장점

이 책의 메타음운중재 프로그램이 기존의 접근법과 차별화된 부분

메타음운중재 프로그램은 음운접근법을 기반으로 한 치료 프로그램으로, 아동이 나타내는 음운 문제를 인지-언어학적인 문제로 보고, 음운인식능력이 취약한 아동의 음운인식능력과 말 문제를 개선하기 위한 치료법이다.

1. 음운대조 연습에서 대조음의 시각적 변별이 용이하도록 아동에게 익숙한 도형 상징을 시각적 단서로 사용하였다.

도형 상징의 시각적 단서 사용 결과

- ▶ 글자를 모르는 아동들도 시각적 변별의 어려움이 해소된다.
- ▶ 지능이 낮은 아동도 어려움 없이 음운대조 연습을 수행할 수 있다.

2. 산출연습 전에는 아동이 목표음을 절대 산출하지 않도록 강조하였다.

산출연습 전 아동이 목표음을 산출하지 않도록 하는 이유

- ▶ 정확한 산출을 위한 연습 전에는 자신의 오류음을 들음으로써 변별을 위한 음운대조 연습이 오염될 수 있기 때문이다.

3. 목표 음소의 시각적 탐지 연습(2단계: 음소탐지 연습)을 적용하여, 단어 내에 위치한 목표 음소를 청지각적으로 변별하도록 하였다.

시각적 탐지 연습을 적용한 이유

- ▶ 메타언어학적 지식이 취약하기 때문에 소리만으로 단어 내 음운을 분절하는 데 더 많은 어려움을 가진다.
- ▶ 이러한 이유로 심한 말소리장애 아동에게는 목표음의 위치를 시각적 단서로 먼저 제공해 주어야 한다.

4. 음운대조 연습(3단계)은 단어 조건의 대립쌍 연습 없이, 음소 수준에서 산출하는 연습 방법을 사용하였다.

음소 수준에서의 산출 방법을 사용한 이유

▶ 단어 조건의 대립쌍 연습 방식은 언어와 지능이 낮은 아동에게 효과를 얻기 힘들기 때문이다.

▶ 그러나 이 프로그램은 음소 수준에서의 산출연습 방법을 사용하였기 때문에 언어능력과 지능이 낮은 경우에도 적용이 가능하다.

5. 운동 차원의 조음장애를 동반한 아동의 조음 문제를 동시에 해결하기 위해 시리즈의 3권에 제시한 프로그램인 다중감각중재 프로그램을 동시에 사용할 수 있다.

조음중재 프로그램 중에서 다중감각중재 프로그램을 적용한 이유

▶ 시리즈의 3권에 해당하는 다중감각중재 프로그램 중 특히 음운자질 일반화에 효과적인 Air PROMPT를 강조한 프로그램을 함께 사용하여 빠른 효과를 볼 수 있다. 아동의 말소리 문제가 조음 운동 차원의 문제와 언어 인지 차원의 음운 문제를 동시에 갖고 있는 경우 특히 효과적이다.

중재 효과 연구
근거기반 연구에서 메타음운중재 효과

비일관성 음운장애 아동 네 명에게 핵심어휘중재 프로그램을 적용한 후에 메타음운중재를 적용하여 치료결과를 확인한 근거기반 연구 결과(고유경, 김수진, 2021).

◈ 20회기 치료과정과 유지 기간의 파찰음과 치경비음 진전 결과

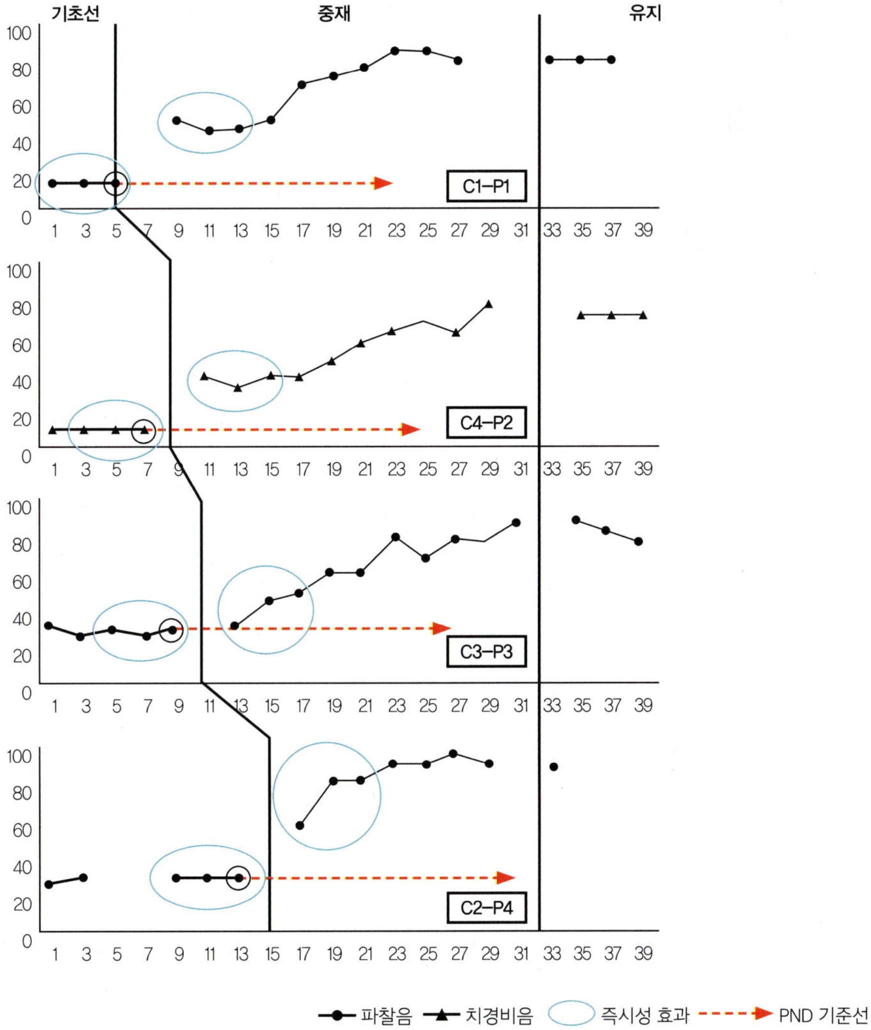

[그림 1] 파찰음과 치경비음의 메타음운중재에 따른 음소정확도(%)

◈ 20회기 치료과정과 유지 기간의 **치경마찰음과 유음** 진전 결과

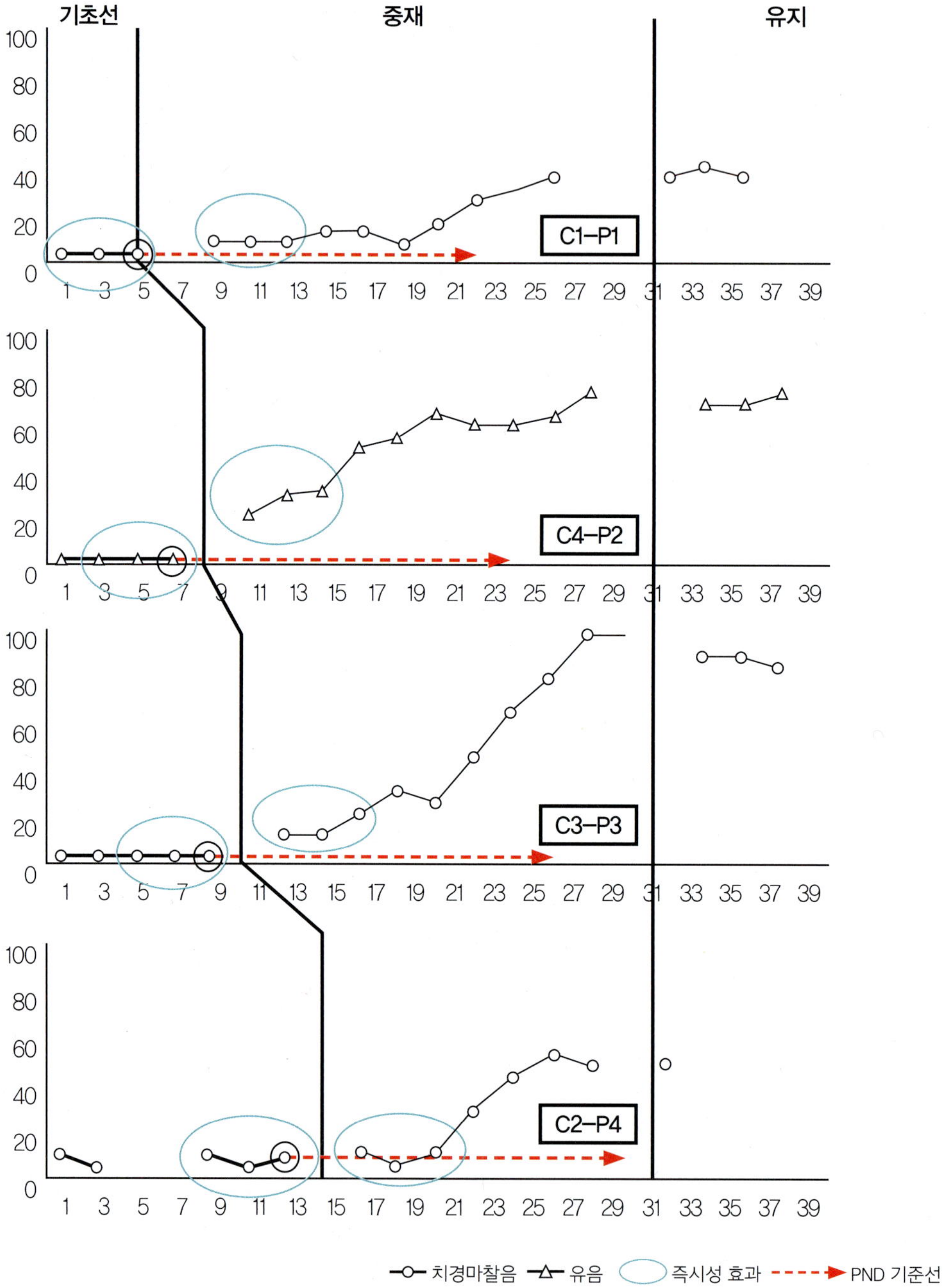

[그림 2] 치경마찰음과 유음의 메타음운중재에 따른 음소정확도(%)

◈ Ⅰ단계 프로그램(핵심어휘중재) 20회기와 Ⅱ단계 프로그램(메타음운중재) 20회기 적용 후 평균음운길이(PMLU) 향상 효과

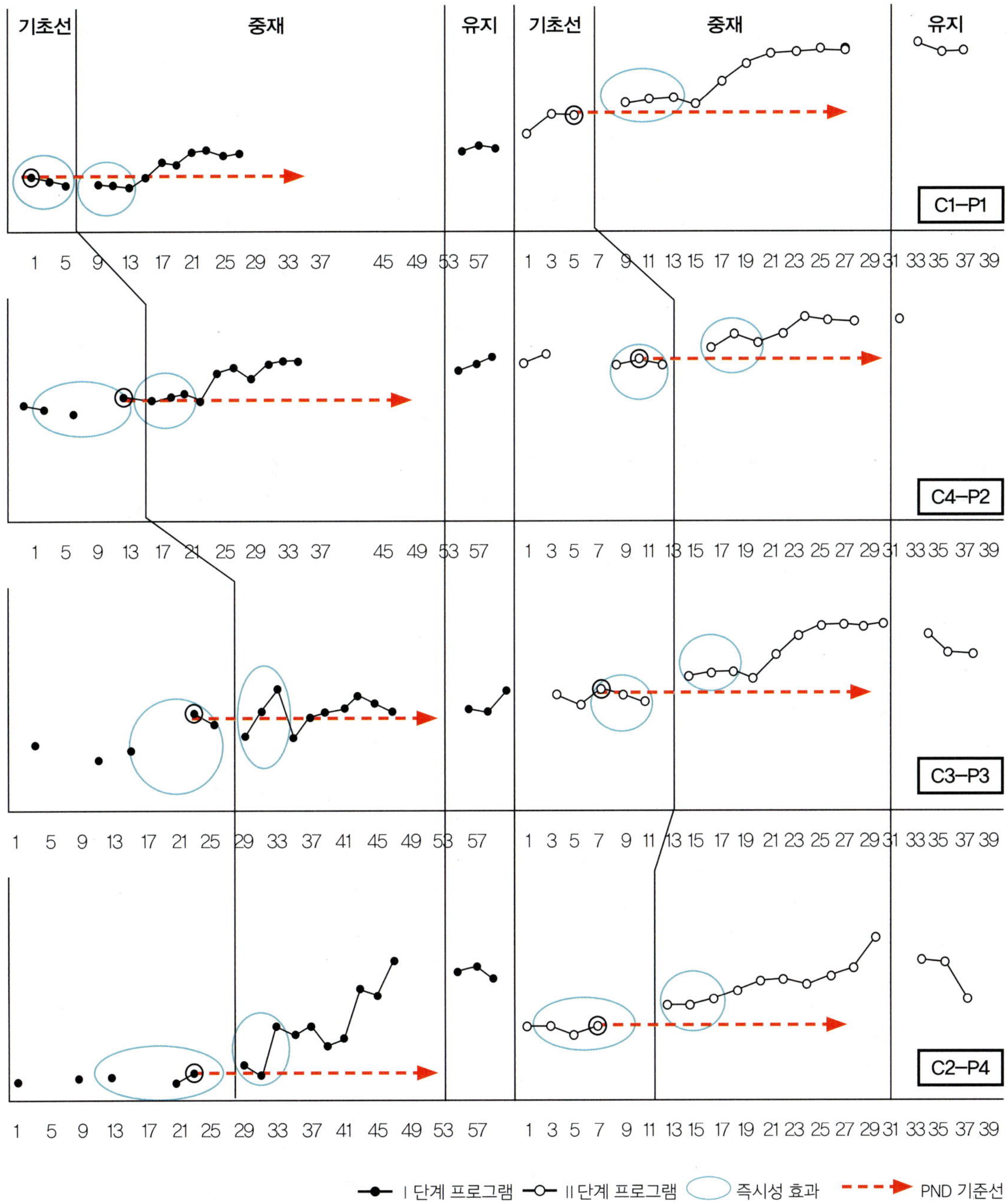

[그림 3] Ⅰ단계 프로그램(핵심어휘중재)과 Ⅱ단계 프로그램(메타음운중재)에 따른 평균음운길이(PMLU)

◈ I 단계 프로그램(핵심어휘중재) 20회기와 II 단계 프로그램(메타음운중재) 20회기 적용 후 단어단위 정확률(PWC) 향상 효과

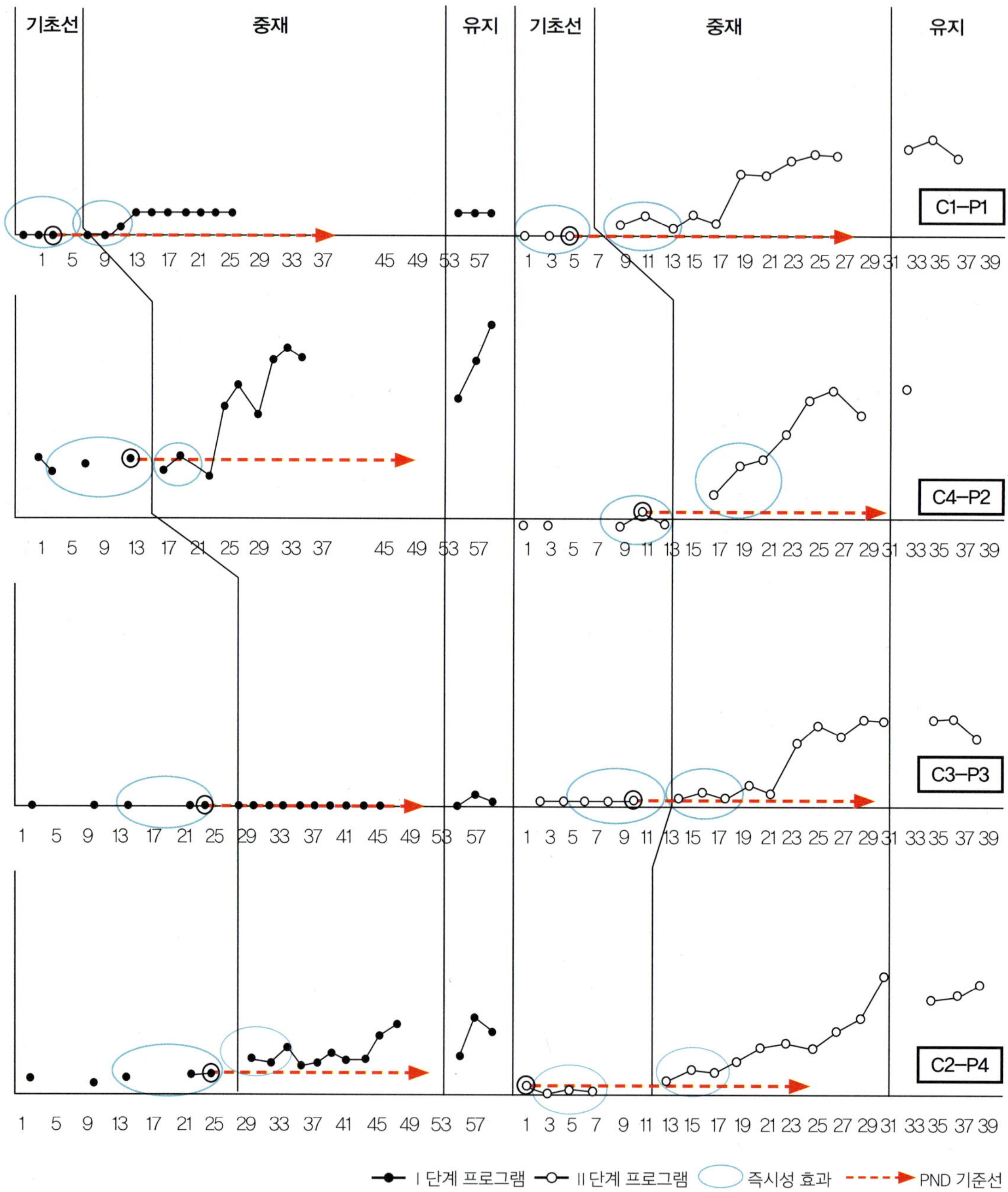

[그림 4] I 단계 프로그램(핵심어휘중재)과 II 단계 프로그램(메타음운중재)에 따른 단어단위 정확률(PWC)

'메타음운중재 프로그램'의 모델과 절차

이 프로그램은 언어치료실과 가정에서 쉽고 편리하게 사용할 수 있도록 1단계부터 12단계까지 연습 사례 영상 파일을 제공하고 있다. 프로그램의 제공 모델과 제공 절차는 아래와 같다.

메타음운중재 프로그램 제공 모델

목적

나와 다른 사람의 말소리가 어떻게 다른지, 말소리 간의 유사성, 차이점 확인

➔ 이를 위해 비슷한 소리를 인식, 분류

➔ 소리들을 연결 시켜 목표 소리를 정확히 산출

주의사항

* 대조짝으로 할 목표음을 결정할 때 주의사항

❶ 발음하는 위치가 같은 음소로 대조짝 구성

❷ 음운오류로 치료가 필요한 음소로 대조짝 구성

❸ 들었을 때 소리가 비슷하여 구분하기 어려운 음소로 대조짝 구성

주기/회기/시간

* 제공회기는 아래의 두 가지 중 선택하여 사용

❶ 1~12단계까지 모든 절차의 달성기준 완료 시까지 연습 권장 아동

: 학령기 아동, 어려운 읽기·쓰기 과제까지 음운 실수 없는 수행 목적인 경우

❷ 단계와 상관없이 18회기만 연습 권장 아동

: 9~11단계(고급단계로 어린 연령, 언어능력이나 지능이 낮은 아동은 어려움)

: 어린 연령, 지능 또는 언어능력이 낮은 아동은 18회기만 권장

: 18회기 내에 8단계까지 수행, 9~11단계 생략, 12단계 문장산출연습 권장

: 단, 심각한 음운 문제를 보이는 아동은 18회기를 초과할 수 있음

* 제공주기와 제공시간: 주 2회, 회기당 40분 권장

메타음운중재 프로그램 단계별 제공 절차

1~4단계	★단계, 12단계	5~11단계
음운변별, 음운인식	산출연습	산출연습 + 음운인식

1단계 음소대조 연습 I(초성위치)

① 대조되는 목표음들의 글자를 보여 주며, 소리 들려주기
② 대조되는 목표음들의 소리 변별하기

2단계 음소탐지 연습 I(시각적 위치탐지)

① 단어에서 목표음 위치를 시각적으로 구분하여 탐지하기
② 단어에서 목표음의 초성 및 종성위치를 시각적으로 구분하여 탐지하기

3단계 음소대조 연습 II(종성위치)

① 대조되는 목표음들의 글자를 보여 주며 소리 들려주기
② 대조되는 목표음들의 소리 변별하기

4단계 음소탐지 연습 II(청각적 위치탐지)

목표음이 포함된 단어의 이름을 천천히 말해 주면 아동은 그림 하단의 글자 수만큼 그려 놓은 동그라미 안에 목표음의 위치 표시하기

★단계 산출연습(단어에서의 목표음 산출)

발음할 조음위치를 찾지 못하는 경우는 시리즈의 3권 '다중감각중재 프로그램'을 사용하여 연습
★ 단계는 단계 순서에 따라 시행하지 않고, 4단계까지 달성한 이후에 5~11단계와 함께 회기 내에서 동시에 진행(예: 40분 수업의 경우 20분씩 진행)

5단계 음소탐지 연습 III(시·청각적 위치탐지)

자음의 발음위치에 따라 단어 정렬하기
① 초성 자음을 듣고 해당하는 단어 찾기
② 종성 자음을 듣고 해당하는 단어 찾기

6단계 음소분리 연습 Ⅰ(청각적 음소분리)

① 초성위치 소리가 같은 사물 찾기
② 종성위치 소리가 같은 사물 찾기

7단계 음소탐지 연습 Ⅳ(오류음 감지)

① 아동-치료사 역할을 바꾸어 치료사가 목표단어를 말할 때 아동이 오류음을 감지하고 수정하기
② 오류음 감지(변별연습) → 수정하기(산출연습)

8단계 음소분리 연습 Ⅱ

① 초성 음소분리: 어두초성→어중초성
② 종성 음소분리: 어말종성→어중종성

9단계 음소대치 연습

① 초성에 있는 목표음을 다른 음으로 바꾸어 말해 보기
② 종성에 있는 목표음을 다른 음으로 바꾸어 말해 보기

10단계 음소탐지 연습 Ⅴ(속삭이는 소리로 연습)

5단계와 같은 활동 내용으로 속삭이는 소리를 사용한 탐지 연습

11단계 음소탐지 연습 Ⅵ(말소리가 다른 단어 찾기)

발음위치, 모음맥락 등의 조건이 '간단한 → 복잡한'으로 변경하여 연습
* 음운인식 연습 과제 중 가장 어려운 과제로 6세 이하의 어린 아동은 생략

12단계 산출연습(문장 수준에서의 목표음 산출)

운반구, 스크립트 문맥 사용하기, 이야기 재구성, 역할 놀이 상황에서 연습

[연습 단어 목록]

단어 목록 (양순파열음/ㅂ/)

발성 유형	조음위치		2음절 단어		3음절 단어		4음절 이상 단어	
			목표발음	목표단어	목표발음	목표단어	목표발음	목표단어
평음	초성	어두	밥쏟	밥쏟	비빔빱	비빔밥	블루베리	블루베리
			바퀴	바퀴	병따개	병따개	브로콜리	브로콜리
			봉투	봉투	바나나	바나나	불가사리	불가사리
			버섣	버섯	배구공	배구공	바다표범	바다표범
			벌꿀	벌꿀	복쑹아	복숭아	바다까재	바닷가재
			비누	비누			복쭈머니	복주머니
			블럭	블럭				
		어중	굼밤	군밤	지구본	지구본	무당벌레	무당벌레
			꿀벌	꿀벌	소방관	소방관	아보카도	아보카도
			함복	한복	오리발	오리발	해바라기	해바라기
			나비	나비	다노박	단호박	스케치북	스케치북
			냄비	냄비	나침반	나침반		
			농부	농부	노트북	노트북		
			수박	수박				
			로봍	로봇				
	종성	어말	김빱	김밥	비빔빱	비빔밥	권투장갑	권투장갑
			깬닙	깻잎	모종삽	모종삽		
			물컵	물컵	카레밥	카레밥		
			손톱	손톱	나문닙	나뭇잎		
			무릅	무릎	단풍닙	단풍잎		
					감자칩	감자칩		
		어중	집씬	집신	구급차	구급차	급씩시간	급식시간
			입쑬	입술	압치마	앞치마	빨래찝께	빨래집게
			곱창	곱창	조럽씩	졸업식	헬리콥터	헬리콥터
			밥쏟	밥솥			손톱까끼	손톱깎이
			깁쓰	깁스				

* 수의적 변동이나 외래어 등의 발음은 이형(異形)이 존재하므로 아동이 산출연습 중에 허용되는 다른 형태로 발음한다면 교정하지 않도록 주의해야 한다. 예를 들어, 목표발음이 '썬글라쓰'의 경우, '썽그라쓰'로 수의적 변동이 나타나더라도 발음을 교정하지 않고 인정해 준다. 단호박(다노박), 신발(심발), 연필(염필)과 같은 단어들이 이에 해당한다.

단어 목록 (양순파열음/ㅃㅍ/)

발성유형	조음위치		2음절 단어		3음절 단어		4음절 이상 단어	
			목표발음	목표단어	목표발음	목표단어	목표발음	목표단어
경음	초성	어두	빨때	빨대	뽕망치	뽕망치	삐약삐약	삐약삐약
			뽀뽀	뽀뽀	빼빼로	빼빼로	빨래찝께	빨래집게
			뿌리	뿌리	삐에로	삐에로		
			뽑끼	뽑기				
		어중	김빱	김밥	비빔빱	비빔밥	꼬빠구니	꽃바구니
			식빵	식빵	코뿔쏘	코뿔소	쏘시지빵	소시지빵
			짬뽕	짬뽕	도뽀기	돋보기	장빠구니	장바구니
			찐빵	찐빵	떡뽀끼	떡볶이		
					발빠닥	발바닥		
격음	초성	어두	풍선	풍선	피아노	피아노	파프리카	파프리카
			포도	포도			파이내플	파인애플
			포크	포크				
			펭귄	펭귄				
			피자	피자				
			파리	파리				
			판다	판다				
			팽이	팽이				
			팔찌	팔찌				
		어중	염필	연필	청포도	청포도	트램펄린	트램펄린
			와플	와플	거품기	거품기	바다표범	바다표범
			커피	커피	생년필	색연필	장수풍뎅이	장수풍뎅이
			램프	램프				
			딱풀	딱풀				
			써핑	서핑				
평음 단어 수 (60개)			25		20		15	
경음 단어 수 (21개)			8		8		5	
격음 단어 수 (24개)			15		4		5	

단어 목록 (치경파열음 /ㄷ/)

발성 유형	조음위치		2음절 단어		3음절 단어		4음절 이상 단어	
			목표발음	목표단어	목표발음	목표단어	목표발음	목표단어
평음	초성	어두	대게	대게	다리미	다리미	드라이기	드라이기
			당근	당근	다노박	단호박		
			도넏	도넛	달팽이	달팽이		
			돼지	돼지	도자기	도자기		
			도마	도마	두꺼비	두꺼비		
			달력	달력	단풍닙	단풍잎		
			동전	동전	도토리	도토리		
			도끼	도끼	대나무	대나무		
			두부	두부				
		어중	구두	구두	라디오	라디오	무당벌레	무당벌레
			포도	포도	고등어	고등어	청둥오리	청둥오리
			판다	판다	자동차	자동차	전기코드	전기코드
			자두	자두	청포도	청포도	아보카도	아보카도
			만두	만두			바다까재	바닷가재
			쌘들	샌들			바다표범	바다표범
							고슴도치	고슴도치
							장수풍뎅이	장수풍뎅이
	종성	어말	도넏	도넛	초콜릳	초콜릿	페인트붇	페인트붓
			버섣	버섯	장미꼳	장미꽃	느타리버섣	느타리버섯
			라켇	라켓				
			로볻	로봇				
			로켇	로켓				
		어중	※ 어중종성은 대부분 음운규칙에 의해 생략되므로 목표단어로 선정하지 않음					

단어 목록 (치경파열음 /ㄸ ㅌ/)

발성 유형	조음위치		2음절 단어		3음절 단어		4음절 이상 단어	
			목표발음	목표단어	목표발음	목표단어	목표발음	목표단어
경음	초성	어두	딸기	딸기	떡뽀끼	떡볶이	땅콩버터	땅콩버터
			땅콩	땅콩	때수건	때수건	딱따구리	딱따구리
			떡꾹	떡국	떡꼬치	떡꼬치		
			뜀틀	뜀틀	뜨개질	뜨개질		
			딱풀	딱풀				
			뚜껑	뚜껑				
		어중	빨때	빨대	병따개	병따개	귀뚜라미	귀뚜라미
			호떡	호떡	메뚜기	메뚜기	소떡소떡	소떡소떡
					산딸기	산딸기	쇠똥구리	쇠똥구리
					머리띠	머리띠		
					오뚜기	오뚝이		
					허리띠	허리띠		
					깍뚜기	깍두기		
격음	초성	어두	택씨	택시	태꿘도	태권도	트램펄린	트램펄린
			토끼	토끼	토마토	토마토		
			튀김	튀김	태극끼	태극기		
			트럭	트럭	탬버린	탬버린		
			트리	트리	탕후루	탕후루		
			타조	타조				
		어중	낙타	낙타	하회탈	하회탈	헬리콥터	헬리콥터
			뜀틀	뜀틀	노트북	노트북	미끄럼틀	미끄럼틀
			수탁	수탉	도토리	도토리	감자튀김	감자튀김
			봉투	봉투			땅콩버터	땅콩버터
							손톱까끼	손톱깎이
평음 단어 수 (45개)			20		14		11	
경음 단어 수 (24개)			8		11		5	
격음 단어 수 (24개)			10		8		6	

단어 목록 (연구개파열음 /ㄱ/)

발성 유형	조음위치		2음절 단어		3음절 단어		4음절 이상 단어	
			목표발음	목표단어	목표발음	목표단어	목표발음	목표단어
평음	초성	어두	가지	가지	강아지	강아지	고슴도치	고슴도치
			개미	개미	개구리	개구리	고래상어	고래상어
			구두	구두	고구마	고구마		
			김치	김치	고무신	고무신		
			거미	거미	갈매기	갈매기		
			그네	그네	경찰관	경찰관		
			감자	감자	구급차	구급차		
			구닌	군인				
			고깜	곶감				
		어중	대게	대게	소방관	소방관	썬글라쓰	썬글라스
			레고	레고	도자기	도자기	권투장갑	권투장갑
			감귤	감귤	야구공	야구공	해바라기	해바라기
			당근	당근	쌀국쑤	쌀국수		
			전구	전구	시금치	시금치		
			딸기	딸기	태극끼	태극기		
			망고	망고				
			사과	사과				
			조개	조개				
	종성	어말	함복	한복	전복쭉	전복죽	스케치북	스케치북
			수탁	수탉	다노박	단호박		
			목탁	목탁				
			떡꾹	떡국				
			트럭	트럭				
			큼북	큰북				
			수박	수박				
			주걱	주걱				
			짝짝	짝짝				
		어중	낙찌	낙지	축꾸공	축구공	삐약삐약	삐약삐약
			딱풀	딱풀	색쫑이	색종이		
			국짜	국자	태극끼	태극기		
			낙타	낙타	책까방	책가방		
			택씨	택시	복쑹아	복숭아		
			식빵	식빵				

단어 목록 (연구개파열음 /ㄲㅋ/)

발성 유형	조음위치		2음절 단어		3음절 단어		4음절 이상 단어	
			목표발음	목표단어	목표발음	목표단어	목표발음	목표단어
경음	초성	어두	꼬리	꼬리	까마귀	까마귀	깡총깡총	깡총깡총
			깬닙	깻잎	깍뚜기	깍두기	꼬빠구니	꽃바구니
			깡통	깡통				
			꿀벌	꿀벌				
			꼬께	꽃게				
			꽥꽥	꽥꽥				
			꽁치	꽁치				
			꿀꿀	꿀꿀				
		어중	뚜껑	뚜껑	사진끼	사진기	손톱까끼	손톱깎이
			물깨	물개	주꾸미	주꾸미	바다까재	바닷가재
			고깜	곶감	코끼리	코끼리		
			도끼	도끼				
			물깜	물감				
			떡꾹	떡국				
			흑꼼	흑곰				
격음	초성	어두	커피	커피	캥거루	캥거루		
			큼북	큰북	캐리어	캐리어		
			코드	코드	코끼리	코끼리		
			키위	키위	카라멜	카라멜		
			쿠키	쿠키	컴나면	컵라면		
			콜라	콜라	코뿔쏘	코뿔소		
		어중	포크	포크	마카롱	마카롱	헬리콥터	헬리콥터
			치킨	치킨	초콜릳	초콜릿	파프피카	파프리카
			땅콩	땅콩			브로콜리	브로콜리
			바퀴	바퀴			아보카도	아보카도
							스케치북	스케치북
							아이스크림	아이스크림
평음 단어 수 (60개)			33		20		7	
경음 단어 수 (24개)			15		5		4	
격음 단어 수 (24개)			10		8		6	

단어 목록 (양순비음 /ㅁ/)

발성 유형	조음위치		2음절 단어		3음절 단어		4음절 이상 단어	
			목표발음	목표단어	목표발음	목표단어	목표발음	목표단어
평음	초성	어두	망고	망고	망웡경	망원경	무당벌레	무당벌레
			망치	망치	머리띠	머리띠	미끄럼틀	미끄럼틀
			물컵	물컵	메뚜기	메뚜기	물조리개	물조리개
			만두	만두	모종삽	모종삽		
			메론	메론	마카롱	마카롱		
			매미	매미				
			목탁	목탁				
			무너	문어				
			물깜	물감				
			물깨	물개				
		어중	레몬	레몬	카라멜	카라멜		
			개미	개미	안전모	안전모		
			섬물	선물	까마귀	까마귀		
			심문	신문	나문닙	나뭇잎		
			냉면	냉면	다리미	다리미		
			도마	도마	갈매기	갈매기		
			라면	라면	고구마	고구마		
					고무신	고무신		
					짜장면	짜장면		
					앵무새	앵무새		
					얼룩말	얼룩말		
평음	종성	어말	고깜	곶감	계란찜	계란찜	바다표범	바다표범
			사슴	사슴	눈싸람	눈사람	감자튀김	감자튀김
			튀김	튀김			아이스크림	아이스크림
			흑꼼	흑곰				
			물깜	물감				
			군밤	군밤				
			싸움	싸움				
		어중	염소	염소	나침반	나침반	고슴도치	고슴도치
			감자	감자	짬짜면	짬짜면	미끄럼틀	미끄럼틀
			김빱	김밥	탬버린	탬버린		
			염필	연필				
			뜀틀	뜀틀				
			냄비	냄비				
			함복	한복				
단어 수 (60개)			31		21		8	

단어 목록 (치경비음 /ㄴ/)

발성 유형	조음위치		2음절 단어		3음절 단어		4음절 이상 단어	
			목표발음	목표단어	목표발음	목표단어	목표발음	목표단어
평음	초성	어두	나비	나비	나이테	나이테	느타리버섣	느타리버섯
			낙찌	낙지	농구공	농구공		
			냉면	냉면	냉장고	냉장고		
			냄비	냄비	노트북	노트북		
			나초	나초	눈싸람	눈사람		
			낙타	낙타	나문닙	나뭇잎		
			농부	농부	나침반	나침반		
			남매	남매	누룽지	누룽지		
			노끈	노끈				
		어중	그네	그네	단풍닙	단풍잎	복쭈머니	복주머니
			구닌	군인	미나리	미나리	꼬빠구니	꽃바구니
			마늘	마늘	피아노	피아노	파이내플	파인애플
			무너	문어	생년필	색연필		
			여너	연어	선생님	선생님		
			도넏	도넛	다노박	단호박		
			비누	비누	바나나	바나나		
					할머니	할머니		
	종성	어말	냉면	냉면	나침반	나침반		
			겨론	결혼	경찰관	경찰관		
			치킨	치킨	고무신	고무신		
			메론	메론	소방관	소방관		
			당근	당근	지구본	지구본		
			라면	라면				
			레몬	레몬				
		어중	전구	전구	안전모	안전모	전기밥쏟	전기밥솥
			진주	진주	눈싸람	눈사람	손톱까끼	손톱깎이
			판다	판다	선생님	선생님	생선구이	생선구이
					사진끼	사진기		
					나문닙	나뭇잎		
					계란찜	계란찜		
평음 단어 수 (60개)			26		27		7	

단어 목록 (연구개비음/ㅇ/)

발성 유형	조음위치		2음절 단어		3음절 단어		4음절 이상 단어	
			목표발음	목표단어	목표발음	목표단어	목표발음	목표단어
평음	종성	어말	깡통	깡통	망웡경	망원경	쏘시지빵	소시지빵
			찐빵	찐빵	농구공	농구공		
			땅콩	땅콩	레슬링	레슬링		
			식빵	식빵	마카롱	마카롱		
			앙경	안경	야구공	야구공		
			뚜껑	뚜껑				
		어중	경찰	경찰	달팽이	달팽이	권투장갑	권투장갑
			팽이	팽이	뽕망치	뽕망치	무당벌레	무당벌레
			동전	동전	호랑이	호랑이		
			망고	망고	냉장고	냉장고		
			당근	당근	단풍닙	단풍잎		
단어 수 (24개)			11		10		3	

단어 목록 (유음 /ㄹ/)

발성 유형	조음위치		2음절 단어		3음절 단어		4음절 이상 단어	
			목표발음	목표단어	목표발음	목표단어	목표발음	목표단어
평음	초성	어두	라면	라면	레미콘	레미콘	롤러스케이트	롤러스케이트
			레몬	레몬	라이터	라이터		
			레고	레고	라디오	라디오		
			리본	리본	레슬링	레슬링		
			라켇	라켓				
			로켇	로켓				
			로볻	로봇				
		어중	트럭	트럭	계란찜	계란찜	쓰레기통	쓰레기통
			꼬리	꼬리	머리띠	머리띠	미끄럼틀	미끄럼틀
			메론	메론	마카롱	마카롱	물조리개	물조리개
			소라	소라	잠자리	잠자리	딱따구리	딱따구리
			조럽	졸업	캥거루	캥거루	드라이기	드라이기
			오리	오리	썬크림	썬크림	불가사리	불가사리
					다리미	다리미	해바라기	해바라기
					호랑이	호랑이	파프리카	파프리카
					눈싸람	눈사람	아이스크림	아이스크림
	종성	어말	감귤	감귤	생년필	색연필	파이내플	파인애플
			꿀벌	꿀벌	오리발	오리발		
			입쑬	입술				
			딱풀	딱풀				
			뜀틀	뜀틀				
			치쏠	칫솔				
			섬물	선물				
			와플	와플				
			쌘들	샌들				
		어중	물컵	물컵	달팽이	달팽이	불가사리	불가사리
			열쐬	열쇠	갈매기	갈매기	물조리개	물조리개
			물깨	물개	경찰관	경찰관		
			물깜	물감	코뿔쏘	코뿔소		
			빨때	빨대	휠체어	휠체어		

단어 목록 (유음 /ㄹ/)

발성 유형	조음위치		2음절 단어		3음절 단어		4음절 이상 단어	
			목표발음	목표단어	목표발음	목표단어	목표발음	목표단어
평음	초성/종성	ㄹ-ㄹ 연쇄	달력	달력	초콜릳	초콜릿	썬글라쓰	썬글라스
			블럭	블럭	얼룩말	얼룩말	빨래찝께	빨래집게
			젤리	젤리			브로콜리	브로콜리
			첼로	첼로			헬리콥터	헬리콥터
			콜라	콜라			블루베리	블루베리
단어 수 (72개)			32		22		18	

단어 목록 (치경마찰음/ㅅ ㅆ/)

발성 유형	조음위치		2음절 단어		3음절 단어		4음절 이상 단어	
			목표발음	목표단어	목표발음	목표단어	목표발음	목표단어
평음	초성	어두	사과	사과	시금치	시금치	스케치북	스케치북
			수박	수박	소방관	소방관	손톱까끼	손톱깎이
			새우	새우	소화기	소화기	생선구이	생선구이
			식빵	식빵	산딸기	산딸기	수업씨간	수업시간
			섬물	선물	생년필	색연필		
			소라	소라	사진끼	사진기		
			수탁	수탉	색쫑이	색종이		
		어중	사슴	사슴	모종삽	모종삽	불가사리	불가사리
			생선	생선	양상추	양상추	사슴벌레	사슴벌레
			버섣	버섯	앵무새	앵무새	소떡소떡	소떡소떡
			풍선	풍선	레슬링	레슬링	고슴도치	고슴도치
			홍시	홍시	때수건	때수건	고래상어	고래상어
					선생님	선생님	아이스크림	아이스크림
							롤러스케이트	롤러스케이트
경음	초성	어두	쌘들	샌들	썬크림	썬크림	쏘시지빵	소시지빵
			싼타	산타	쌀과자	쌀과자	쓰레기통	쓰레기통
			썰매	썰매	쌍둥이	쌍둥이	썬글라쓰	썬글라스
			싸움	싸움	쌀국쑤	쌀국수		
			써핑	서핑				
		어중	주쓰	주스	복쑹아	복숭아	급씩씨간	급식시간
			깁쓰	깁스	눈싸람	눈사람	초등학쌩	초등학생
			입쑬	입술	코뿔쏘	코뿔소		
			집씬	짚신	옥쑤수	옥수수		
			치쏠	칫솔				
			택씨	택시				
평음 단어 수 (36개)			12		13		11	
경음 단어 수 (24개)			11		8		5	

단어 목록 (경구개파찰음/ㅈ ㅉ/)

발성 유형	조음위치		2음절 단어		3음절 단어		4음절 이상 단어	
			목표발음	목표단어	목표발음	목표단어	목표발음	목표단어
평음	초성	어두	자두	자두	자동차	자동차	전기밥쏱	전기밥솥
			장미	장미	점복쭉	전복죽	전기코드	전기코드
			전구	전구	지구본	지구본	장빠구니	장바구니
			조개	조개	주사위	주사위		
			조럽	졸업	잠자리	잠자리		
			주걱	주걱				
			진주	진주				
			집씬	짚신				
			젤리	젤리				
			주쓰	주스				
		어중	가지	가지	안전모	안전모	바다까재	바닷가재
			감자	감자	사진끼	사진기	쏘시지빵	소시지빵
			타조	타조	모종삽	모종삽	권투장갑	권투장갑
			돼지	돼지	오징어	오징어	물조리개	물조리개
			동전	동전	도자기	도자기		
			피자	피자	냉장고	냉장고		
					강아지	강아지		
					짜장면	짜장면		
경음	초성	어두	짬뽕	짬뽕	찜만두	찐만두	짤쭈머니	짤주머니
			짜꿍	짝꿍	짜장면	짜장면		
			찐빵	찐빵	쭈꾸미	쭈꾸미		
			짹짹	짹짹	짬짜면	짬짜면		
			찌개	찌개	쪽머리	쪽머리		
			쪽파	쪽파				
		어중	국짜	국자	딸기짬	딸기잼	복쭈머니	복주머니
			낙찌	낙지	전복쭉	전복죽	밀찝모자	밀집모자
			백쪼	백조	색쫑이	색종이	빨래찝께	빨래집게
			팔짱	팔짱	계란찜	계란찜		
			팔찌	팔찌				

단어 목록 (경구개파찰음/ㅊ/)

발성유형	조음위치		2음절 단어 목표발음	2음절 단어 목표단어	3음절 단어 목표발음	3음절 단어 목표단어	4음절 이상 단어 목표발음	4음절 이상 단어 목표단어
격음	초성	어두	치쏠	칫솔	채까방	책가방	총각낌치	총각김치
			치킨	치킨	청소기	청소기	청둥오리	청둥오리
			첼로	첼로	추꾸공	축구공	초등학쌩	초등학생
			차뫼	참외	청포도	청포도		
					초콜릳	초콜릿		
		어중	망치	망치	자동차	자동차	스케치북	스케치북
			김치	김치	휠체어	휠체어	고슴도치	고슴도치
			나초	나초	나침반	나침반	갈치구이	갈치구이
					구급차	구급차		
					감자칩	감자칩		
					경찰관	경찰관		
평음 단어 수 (36개)			16		13		7	
경음 단어 수 (24개)			11		9		4	
격음 단어 수 (24개)			7		11		6	

차례

1단계 음소대조 연습 I(초성위치)

활동 소개

- 청지각적 음소 변별 단계로 대조되는 목표음들의 글자를 보여 주며 소리를 들려주며 활동
- 대조되는 목표음의 예) /ㄴ/, /ㄹ/

활동 주제

- 비슷한 말소리 변별하기(초성위치)

활동 대상

- 비슷한 자음 소리들을 듣고 변별하는 데 어려움을 가지는 아동

활동 목표

- 청지각적 음소 변별 단계
  - ▶ 대조되는 목표음들의 글자를 보여 주며 소리를 들려줌
  - ▶ 비슷한 자음 소리를 듣고 말소리를 정확히 변별

활동 절차

❶ 아동이 소리로 구분하기 어려운 목표 자음 카드 두 장을 선정

예) /ㄹ/, /ㄴ/

▶ 주의사항: 나이가 어리거나, 글자와 말소리 매칭이 어려운 아동은 도형 상징을 사용
예) /ㄹ/→☆, /ㄴ/→△

➔ 이유: 소리 변별을 할 때 해당 소리를 기억하여 변별해야 하는 주의력이 요구되는데, 글자를 제시하면 모르는 글자를 시각적으로 변별해야 하는 이중 과제가 부여되므로 소리를 변별하는 데 어려움이 발생할 수 있음

➔ 글자 대신 도형 상징로 연습하는 경우, 연습 전에 각 도형 상징과 목표 소리를 매칭하여 가르치고 연습한 후에 실시

❷ 두 장의 카드를 놓고 목표 소리의 글자(도형)를 보여 주며 소리를 들려주기

예1) /ㄹ/ 글자를 가리키며 '이것은 /ㄹ/(르) 소리야.'(글자 사용 예시)

예2) ☆ 모양을 가리키며 '이것은 /ㄹ/(르) 소리야.'(도형 상징 사용 예시)

△ 모양을 가리키며 '이것은 /ㄴ/(느) 소리야.'

▶ 목표 소리의 이름(예: 리을)이 아닌, 말소리(예: 르)로 들려주기

➔ 무성음 /ㅅ/ 소리를 낼 때 모음 소리가 들리지 않게 /스/가 아닌 자음 고유의 소리인 /ㅅ/로 소리내도록 주의할 것

▶ 만약 아동이 소리와 다른 글자 또는 도형을 가리키면 맞는 글자(도형)를 가리켜 알려 주기

❸ ❷번에서 도형과 소리 매칭이 가능해진 후에는 도형카드를 글자카드로 바꾸어 목표 소리와 글자 매칭하기

▶ 글자카드로 바꾸었을 때에도 여전히 어려워하는 아동은 글자와 도형 그림이 함께 있는 카드를 사용하기

➔ 글자 하단 우측에 제시된 도형 단서를 가리키며 아동에게 도형의 위치를 알려 주고, 그에 해당하는 소리가 들릴 때 카드를 건네줄 수 있도록 말해 줄 것

예)

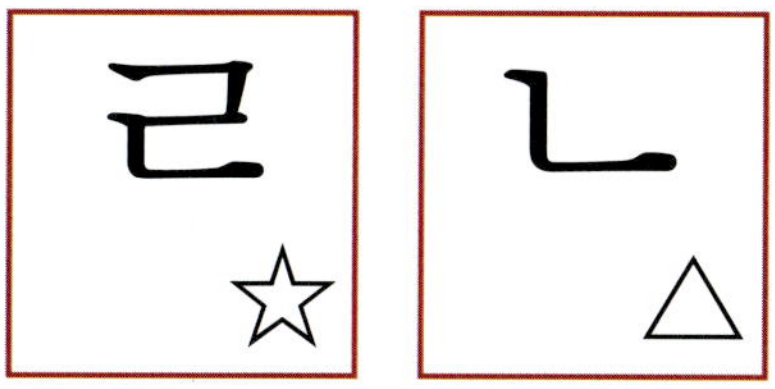

❹ 대조되는 목표 소리 변별하기

Phase 1 들려주는 소리에 해당하는 글자/도형(☆, △) 건네주기(2개 소리 변별)

▶ 달성기준: 80% 이상 정반응을 보이면 Phase2로 이동

Phase2 들려주는 소리에 해당하는 글자/도형 건네주기(3개 소리 변별)

▶ Phase1 달성 후 목표음 외에 비슷한 다른 소리(도형 ○) 추가 연습

▶ 달성기준: 80% 이상 정반응을 보이면 [2단계] 음소탐지 연습 I(시각위치)으로 이동

Phase1 예시	Phase2 예시
ㄹ ☆ / ㄴ △	ㄹ ☆ / ㄴ △ / ○

※ Phase2 연습에서 목표음 외에 비슷한 다른 소리 연습 할때는 다른 도형의 글자 단서가 아닌 다른 소리를 나타내는 도형(○)으로 연습

주의사항

- 변별과제 하는 동안 목표 소리를 반드시 아동이 따라 말하지 않도록 주의
- 산출연습 전이므로 아동이 따라 말하면 자신이 산출한 틀린 발음을 듣고 틀린 발음을 잘못 인식하여 잘못된 선택을 할 수 있기 때문에 이러한 소리의 오염 방지를 위함
- ★단계(산출연습)를 통해 정조음 산출 조절이 가능해지기 전까지는 모든 단계에서 아동이 목표 소리를 따라 말하지 않도록 주의

사용 예시 영상
우측의 QR 코드 사용

음소대조 연습 I(초성위치) CHECK LIST

아 동 명:________________ **생년월일:**________________ **S L P:**________________

<table>
<tr><td>연습 날짜</td><td colspan="4"></td><td>목표 소리</td><td colspan="3"></td></tr>
<tr><td colspan="9">※ 아래 작은 네모 칸에 왼쪽부터 순차적으로 정·오 반응을 표시하세요.</td></tr>
<tr><td rowspan="2">2개 소리
변별</td><td></td><td></td><td></td><td></td><td></td><td></td><td></td><td></td></tr>
<tr><td></td><td></td><td></td><td></td><td></td><td></td><td></td><td></td></tr>
<tr><td rowspan="2">3개 소리
변별</td><td></td><td></td><td></td><td></td><td></td><td></td><td></td><td></td></tr>
<tr><td></td><td></td><td></td><td></td><td></td><td></td><td></td><td></td></tr>
<tr><td>비고</td><td colspan="8"></td></tr>
</table>

<table>
<tr><td>연습 날짜</td><td colspan="4"></td><td>목표 소리</td><td colspan="3"></td></tr>
<tr><td colspan="9">※ 아래 작은 네모 칸에 왼쪽부터 순차적으로 정·오 반응을 표시하세요.</td></tr>
<tr><td rowspan="2">2개 소리
변별</td><td></td><td></td><td></td><td></td><td></td><td></td><td></td><td></td></tr>
<tr><td></td><td></td><td></td><td></td><td></td><td></td><td></td><td></td></tr>
<tr><td rowspan="2">3개 소리
변별</td><td></td><td></td><td></td><td></td><td></td><td></td><td></td><td></td></tr>
<tr><td></td><td></td><td></td><td></td><td></td><td></td><td></td><td></td></tr>
<tr><td>비고</td><td colspan="8"></td></tr>
</table>

아 동 명: ______________________ **생년월일:** ______________________

연습 기간: ______________________ **S L P:** ______________________

연습 날짜	목표 대조		과제 유형	달성률 (%)	특이사항
/	ㄹ-ㄴ ㄴ-ㄷ ㄱ-ㅋ ㅁ-ㅂ ㄷ-ㅌ	ㅂ-ㅍ ㅌ-ㅋ ㅈ-ㅊ ㅅ-ㅈ ㅅ-ㅊ	2개 소리 변별 ( ) 3개 소리 변별 ( )	%	
/	ㄹ-ㄴ ㄴ-ㄷ ㄱ-ㅋ ㅁ-ㅂ ㄷ-ㅌ	ㅂ-ㅍ ㅌ-ㅋ ㅈ-ㅊ ㅅ-ㅈ ㅅ-ㅊ	2개 소리 변별 ( ) 3개 소리 변별 ( )	%	
/	ㄹ-ㄴ ㄴ-ㄷ ㄱ-ㅋ ㅁ-ㅂ ㄷ-ㅌ	ㅂ-ㅍ ㅌ-ㅋ ㅈ-ㅊ ㅅ-ㅈ ㅅ-ㅊ	2개 소리 변별 ( ) 3개 소리 변별 ( )	%	
/	ㄹ-ㄴ ㄴ-ㄷ ㄱ-ㅋ ㅁ-ㅂ ㄷ-ㅌ	ㅂ-ㅍ ㅌ-ㅋ ㅈ-ㅊ ㅅ-ㅈ ㅅ-ㅊ	2개 소리 변별 ( ) 3개 소리 변별 ( )	%	
/	ㄹ-ㄴ ㄴ-ㄷ ㄱ-ㅋ ㅁ-ㅂ ㄷ-ㅌ	ㅂ-ㅍ ㅌ-ㅋ ㅈ-ㅊ ㅅ-ㅈ ㅅ-ㅊ	2개 소리 변별 ( ) 3개 소리 변별 ( )	%	

예시

음소대조 연습 I(초성위치) CHECK LIST

아 동 명: 김○○ **생년월일:** 2018. 01. 01. **S L P:** 고○○

연습 날짜	2024. 05. 04.			목표 소리		/ㅅ/, /ㅈ/	
※ 아래 작은 네모 칸에 왼쪽부터 순차적으로 정·오 반응을 표시하세요.							

2개 소리 변별 (ㅅ/ㅈ)	×	×	×	○	○	×	○	×
	○	×	○	×	×	○	○	○
3개 소리 변별 (ㅅ/ㅈ/ㅊ)	×	×	○	○	×	×	×	○
	○	○	×	○	○	×	×	○
비고	- /ㅅ/소리 변별 시 더 빈번한 오류 보임 - 3개 소리 변별 시 /ㅊ/ 소리에서 정반응 빈도가 높음							

연습 날짜	2024. 05. 07.			목표 소리		/ㅅ/, /ㅈ/	
※ 아래 작은 네모 칸에 왼쪽부터 순차적으로 정·오 반응을 표시하세요.							

2개 소리 변별	×	×	○	○	○	○	○	○
	○	○	×	○	○	○	○	
3개 소리 변별	×	○	○	○	○	×	○	○
	○	○	○	○				
비고	- 2개 소리 변별과제에서 15회차에 정반응 80% 나타냄 - 3개 소리 변별과제에서 12회차에 정반응 83.3% 나타냄							

아 동 명: 김○○ 생년월일: 2018. 01. 01.

연습 기간: 5.4.~5.7.(2회기) S L P: 고○○

연습 날짜	목표 대조		과제 유형	달성률 (%)	특이사항
5/4	ㄹ-ㄴ ㄴ-ㄷ ㄱ-ㅋ ㅁ-ㅂ ㄷ-ㅌ	ㅂ-ㅍ ㅌ-ㅋ ㅈ-ㅊ ㅅ-ㅈ (ㅅ-ㅊ)	2개 소리 변별 (√) 3개 소리 변별 ( )	50.0%	/ㅅ/ 소리 변별 오류 빈번
5/4	ㄹ-ㄴ ㄴ-ㄷ ㄱ-ㅋ ㅁ-ㅂ ㄷ-ㅌ	ㅂ-ㅍ ㅌ-ㅋ ㅈ-ㅊ ㅅ-ㅈ (ㅅ-ㅊ)	2개 소리 변별 ( ) 3개 소리 변별 (√)	50.0%	/ㅊ/ 소리에서 정반응 빈도 높음
5/7	ㄹ-ㄴ ㄴ-ㄷ ㄱ-ㅋ ㅁ-ㅂ ㄷ-ㅌ	ㅂ-ㅍ ㅌ-ㅋ ㅈ-ㅊ ㅅ-ㅈ (ㅅ-ㅊ)	2개 소리 변별 ( ) 3개 소리 변별 ( )	80.0%	
5/7	ㄹ-ㄴ ㄴ-ㄷ ㄱ-ㅋ ㅁ-ㅂ ㄷ-ㅌ	ㅂ-ㅍ ㅌ-ㅋ ㅈ-ㅊ ㅅ-ㅈ (ㅅ-ㅊ)	2개 소리 변별 ( ) 3개 소리 변별 ( )	83.3%	정반응률 80%를 넘어 이후에 2단계 과제로 이동함
/	ㄹ-ㄴ ㄴ-ㄷ ㄱ-ㅋ ㅁ-ㅂ ㄷ-ㅌ	ㅂ-ㅍ ㅌ-ㅋ ㅈ-ㅊ ㅅ-ㅈ ㅅ-ㅊ	2개 소리 변별 ( ) 3개 소리 변별 ( )	%	

음소대조 연습 I(초성위치)도형/자음

도형 그림

☆	△	○	□

치경음

ㄹ ☆	ㄴ △
유음 ㄹ	비음 ㄴ

치경음

ㄴ △	ㄷ □
비음 ㄹ	파열음 ㄷ

연구개파열음

ㄱ ☆	ㅋ △
평음 ㄱ	격음 ㅋ

양순음

ㅁ △	ㅂ □
비음 ㅁ	파열음 ㅂ

치경파열음

ㄷ □	ㅌ ☆
평음 ㄷ	격음 ㅌ

양순파열음

ㅂ △	ㅍ △
평음 ㅂ	격음 ㅍ

파열격음

ㅌ ☆	ㅋ △
치경음 ㅌ	연구개음 ㅋ

경구개파찰음

ㅈ △	ㅊ □
평음 ㅈ	격음 ㅊ

설정치찰음

ㅅ ☆	ㅈ △	ㅅ ☆	ㅊ □
마찰음 ㅅ	파찰음 ㅈ	마찰평음 ㅅ	파찰격음 ㅊ

2단계 음소탐지 연습 I (시각적 위치탐지)

활동 소개

- 목표음끼리 대조를 사용하지 않고, 각 음소별 목표음 소리를 확인
- 예를 들어, 목표하는 대조음이 /ㄴ/, /ㄹ/인 경우 동시에 사용하지 않고, 두 음을 순차적으로 연습

활동 주제

- 목표 음소별 소리 확인하기
- 목표 음소 위치를 시각적으로 구분하여 탐지하기

활동 대상

- 1단계 달성기준을 달성한 아동
- 들려주는 말소리의 위치탐지가 어려운 아동

활동 목표

- 들려주는 말소리를 듣고 정확한 위치를 시각적으로 탐지
  - ▶ 들려주는 말소리가 몇 번째 음절에 위치해 있는지 듣고 표시

활동 절차

❶ 아동에게 목표음이 포함된 단어 그림(2단계)을 제시

- 단어 그림 하단에 단어 글자가 제시된 '음소탐지 연습 I 단어 그림' 제시
  - ▶ 주의사항 1: 목표음의 초성과 종성의 모든 위치에서 어려움을 보이는 아동은 '어두초성 → 어중초성 → 어말종성 → 어중종성'순으로 진행
  - ▶ 주의사항 2: 예를 들어 유음/ㄹ/의 경우,

과제	연습 순서
'산출연습' 과제	종성 → ㄹ-ㄹ연쇄 → 초성
'음소탐지 · 인식' 과제	초성 → 종성 → ㄹ-ㄹ연쇄

❷ [초성위치] 단어에서 목표음 위치를 시각적으로 구분하여 탐지하기

- 단어의 그림들을 보여 주며, 초성 목표음 위치를 들려주고 알려 주기

Phase 1 치료사가 각 목표음 그림을 차례로 소개하기

➔ 목표음 소리 들려주기

\+ 그림 아래에 문자 위치를 손가락으로 가리키기/펜으로 표시해 보기

\+ 그림이 소리에 어떻게 연결되어 있는지 상기 시켜 주기

* 도형 상징 없이 글자 확인이 어려운 아동의 경우

▶ 목표음 하단에 해당 도형 상징 표시해 주기

➔ 앞 단계에서 목표음의 형태를 봤기 때문에 이 단계에서는 목표음이 있는 글자만 찾아가면 됨
➔ 아동은 이 단계를 매우 쉽고 재밌게 수행할 수 있음
➔ 예) '/로봇/의 /ㄹ/ 소리를 찾아서 동그라미 하세요(따라서 써 보세요).'하면 한 글자씩 눈과 귀로 되뇌며 글자를 찾고 /ㄹ/ 소리에 동그라미 표시

Phase1 초성 목표음 위치 들려주고 알려 주기	도형 상징 사용 연습: 도형 상징 없이 글자 확인이 어려운 아동
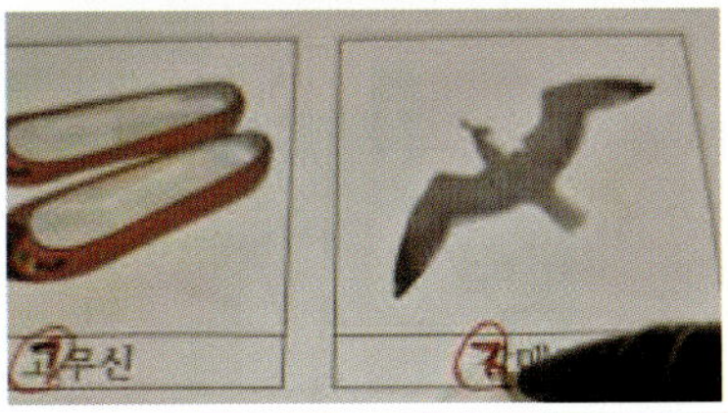	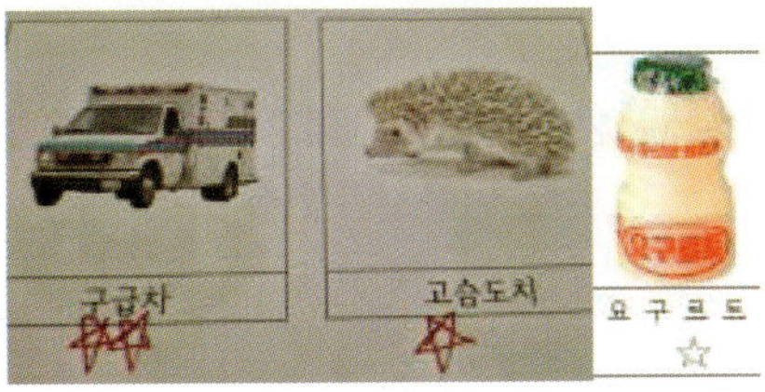

Phase2 아동이 직접 표시하기	아동이 표시한 그림
	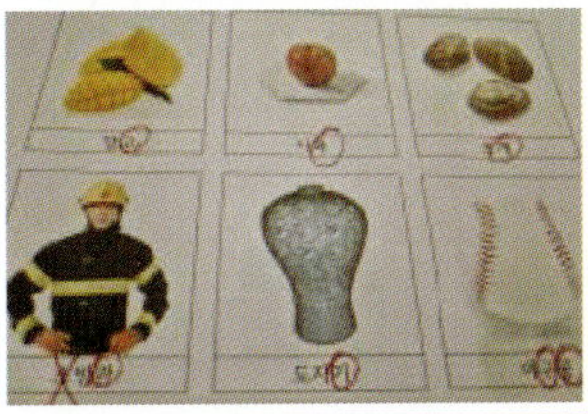

Phase 2 각 단어의 목표음이 어디에 위치해 있는지 아동이 직접 표시하기

▶ 달성기준: 목표단어 내의 목표음 위치를 90% 이상 정확히 표시하면 달성으로 간주하여 ❸번으로 이동

❸ [종성위치] 단어에서 종성위치를 시각적으로 구분하여 탐지하기

- 단어의 그림들을 보여 주며, 종성 목표음 위치를 들려주고 알려 주기

Phase1 종성 목표음 위치 들려주고 알려 주기		도형 상징 사용 연습: 도형 상징 없이 글자 확인이 어려운 아동
		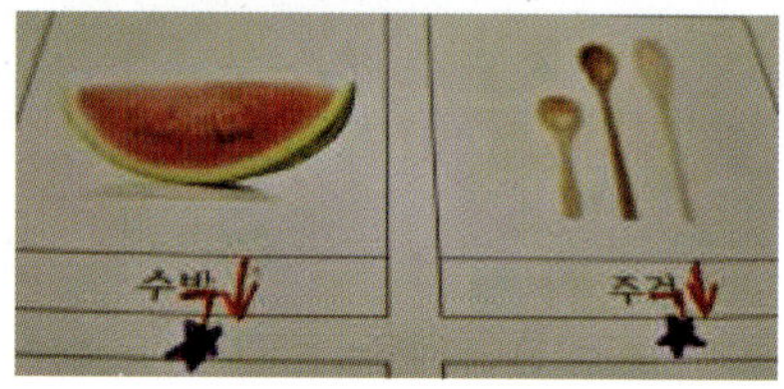

Phase 1 ❷번의 Phase1과 방법 동일

➔ 목표음을 색깔, 진하기, 아래 화살표 등으로 강조하여 제시하기

Phase 2 ❷번의 Phase2와 방법 동일

➔ 그림 하단에 강조 없이 글자를 제시하고 초성과 종성위치의 글자에 다른 색 펜으로 표시하거나 초성에는 화살표(↑), 종성에는 화살표(↓)를 표시하도록 하여 소리의 위치가 다르다는 것을 확인하기

▶ 달성기준: 목표단어 내의 목표음 위치를 90% 이상 정확히 표시하면 달성으로 간주하여 [3단계] 음소대조 연습 II(종성위치)으로 이동

주의사항

- 소리를 알려 줄 때, 반드시 자음과 모음을 천천히 분절하여 소리 낼 것

  예) 오리 → /오 ㄹ ㅣ/
- 종성은 어말종성 단어부터 연습, 숙달 후 어중종성 목표음 단어 연습

사용 예시 영상	
우측의 QR 코드 사용	

음소탐지 연습 I (시각적 위치탐지) CHECK LIST

연습 날짜	목표 대조	과제 유형	달성률 (%)	특이사항
/	ㄱ ㄲ ㅋ ㄴ ㄹ ㅁ ㅇ ㄷ ㄸ ㅌ ㅂ ㅃ ㅍ ㅈ ㅉ ㅊ ㅅ ㅆ	어두초성( ) 어중초성( ) 어말종성( ) 어중종성( )	%	
/	ㄱ ㄲ ㅋ ㄴ ㄹ ㅁ ㅇ ㄷ ㄸ ㅌ ㅂ ㅃ ㅍ ㅈ ㅉ ㅊ ㅅ ㅆ	어두초성( ) 어중초성( ) 어말종성( ) 어중종성( )	%	
/	ㄱ ㄲ ㅋ ㄴ ㄹ ㅁ ㅇ ㄷ ㄸ ㅌ ㅂ ㅃ ㅍ ㅈ ㅉ ㅊ ㅅ ㅆ	어두초성( ) 어중초성( ) 어말종성( ) 어중종성( )	%	
/	ㄱ ㄲ ㅋ ㄴ ㄹ ㅁ ㅇ ㄷ ㄸ ㅌ ㅂ ㅃ ㅍ ㅈ ㅉ ㅊ ㅅ ㅆ	어두초성( ) 어중초성( ) 어말종성( ) 어중종성( )	%	
/	ㄱ ㄲ ㅋ ㄴ ㄹ ㅁ ㅇ ㄷ ㄸ ㅌ ㅂ ㅃ ㅍ ㅈ ㅉ ㅊ ㅅ ㅆ	어두초성( ) 어중초성( ) 어말종성( ) 어중종성( )	%	

음소탐지 연습 I (양순파열음 /ㅂ ㅃ ㅍ/)

어두초성 /ㅂ/

밥쏱(밥솥)

바퀴

봉투

버섣(버섯)

벌꿀

비누

블럭

비빔빱(비빔밥)

병따개

바나나

배구공

복쑹아(복숭아)

블루베리

브로콜리

불가사리

바다표범

바다까재(바닷가재)

복쭈머니(복주머니)

어중초성 /ㅂ/

군밤

꿀벌

함복(한복)

나비

냄비

농부

수박

지구본

소방관

로봇(로봇)

오리발

다노박(단호박)

나침반

노트북

무당벌레

아보카도

해바라기

스케치북

어말종성 /ㅂ/

김빱(김밥)

깬닙(깻잎)

물컵

손톱

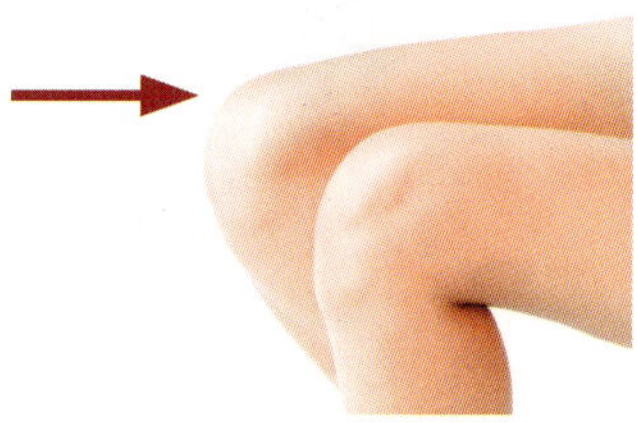

무릅(무릎)

비빔빱(비빔밥)

모종삽

카레밥

나문닙(나뭇잎)

단풍닙(단풍잎)

감자칩

권투장갑

어중종성 /ㅂ/

집씬(짚신)

입쑬(입술)

곱창

밥쏟(밥솥)

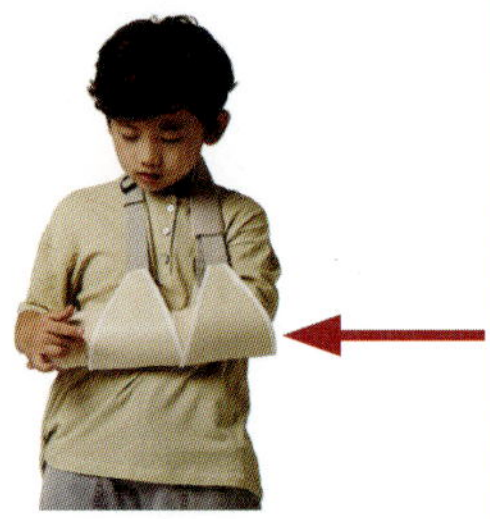

깁쓰(깁스)

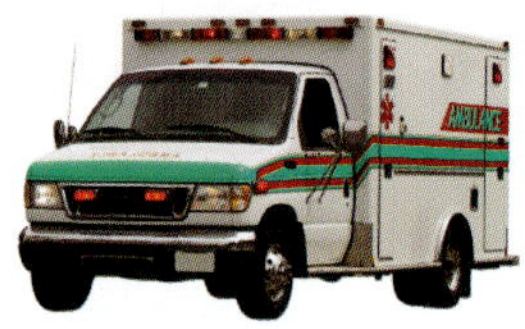

구급차

압치마(앞치마)

조럽씩(졸업식)

급씩씨간(급식시간)

빨래찝께(빨래집게)

헬리콥터

손톱까끼(손톱깎이)

어두초성 /ㅃ/

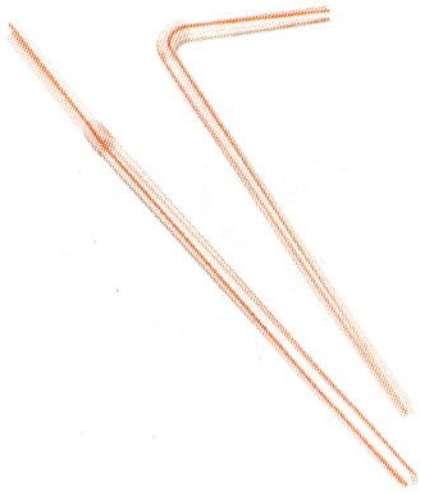
빨때(빨대)

뽀뽀

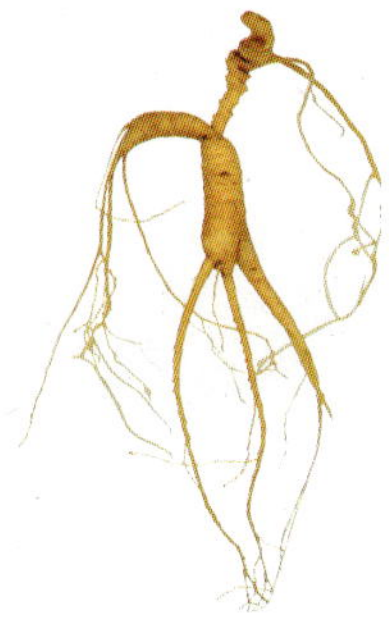
뿌리

뽑끼(뽑기)

뿅망치

빼빼로

삐에로

삐약삐약

빨래찝께(빨래집게)

어중초성 /ㅃ/

김빱(김밥)

식빵

짬뽕

찐빵

비빔빱(비빔밥)

코뿔쏘(코뿔소)

도뽀기(돋보기)

떡뽀끼(떡볶이)

발빠닥(발바닥)

꼬빠구니(꽃바구니)

쏘시지빵(소시지빵)

장빠구니(장바구니)

어두초성 /ㅍ/

풍선

포도

포크

펭귄

피자

파리

판다

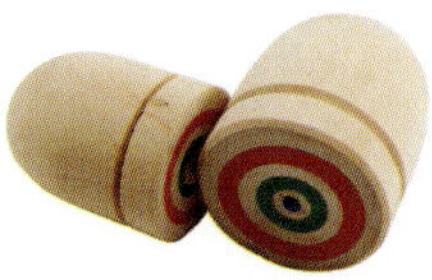
팽이

팔찌

피아노

파프리카

파이내플(파인애플)

어중초성 /ㅍ/

염필(연필)

와플

커피

램프

딱풀

써핑(서핑)

청포도

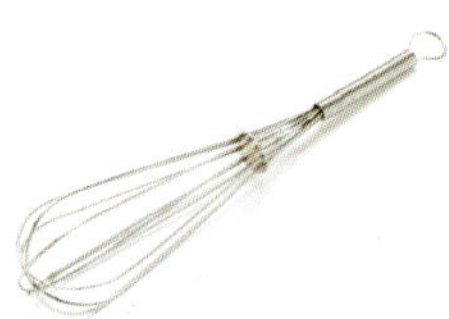

거품기

생년필(색연필)

트램펄린

바다표범

장수풍뎅이

음소탐지 연습 I (치경파열음 /ㄷ ㄸ ㅌ/)

어두초성 /ㄷ/

대게

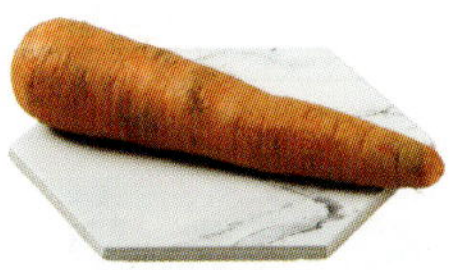

당근

도넏(도넛)

돼지

도마

달력

동전

도끼

두부

다리미

다노박(단호박)

달팽이

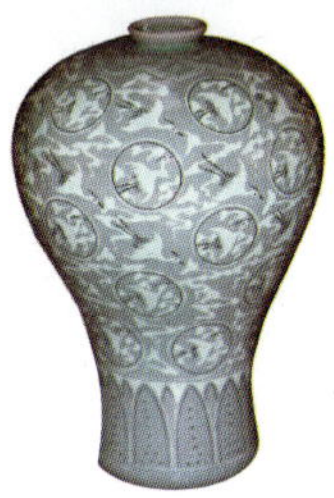

도자기

두꺼비

단풍닙(단풍잎)

도토리

대나무

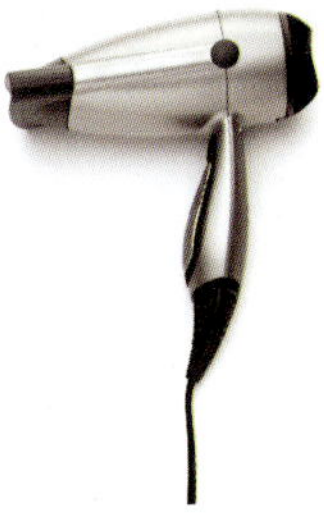

드라이기

어중초성 /ㄷ/

구두

포도

판다

자두

만두

쌘들(샌들)

라디오

고등어

자동차

청포도

무당벌레

청둥오리

전기코드

아보카도

바다까재(바닷가재)

바다표범

고슴도치

장수풍뎅이

어말종성 /ㄷ/

도넏(도넛)

버섣(버섯)

라켇(라켓)

로볻(로봇)

로켇(로켓)

초콜릳(초콜릿)

장미꼳(장미꽃)

페인트붇(페인트붓)

느타리버섣(버섯)

어두초성 /ㄸ/

딸기

땅콩

떡꾹(떡국)

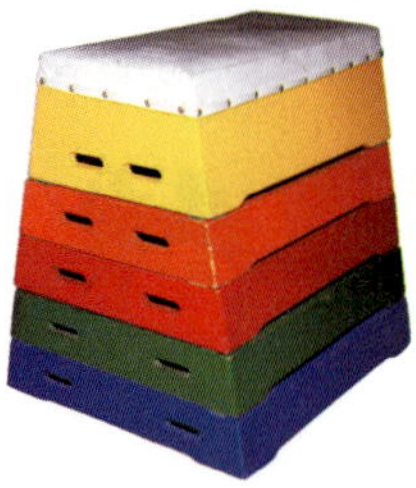

뜀틀

딱풀

뚜껑

떡뽀끼(떡볶이)

때수건

떡꼬치

뜨개질

땅콩버터

딱따구리

어중초성 /ㄸ/

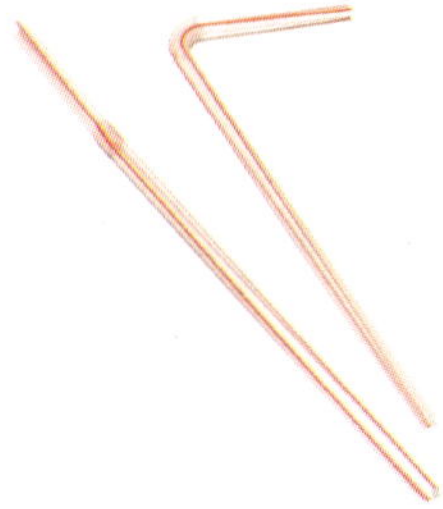
빨때(빨대)

호떡

병따개

메뚜기

산딸기

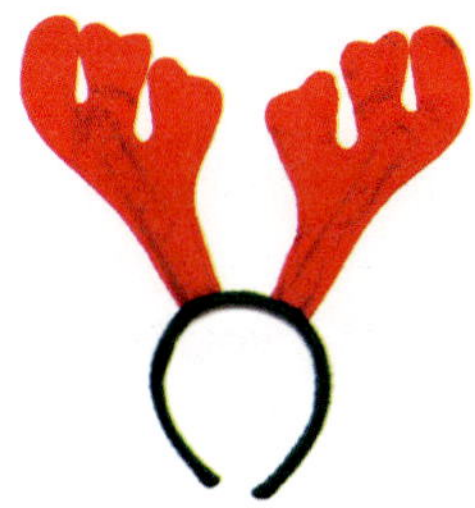
머리띠

오뚜기(오뚝이)

허리띠

깍뚜기(깍두기)

귀뚜라미

소떡소떡

쇠똥구리

어두초성 /ㅌ/

 택씨(택시)	 토끼	 튀김
 트럭	 트리	 타조
 태꿘도(태권도)	 토마토	 태극끼(태극기)
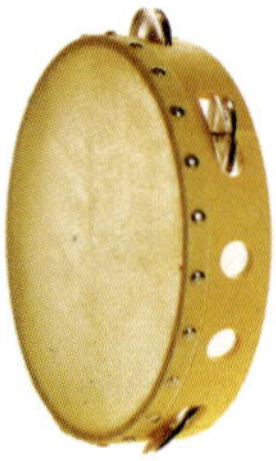 탬버린	 탕후루	 트램펄린

어중초성 /ㅌ/

낙타

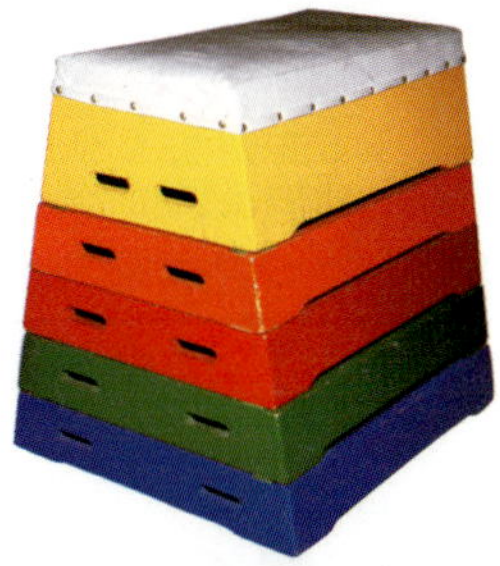
뜀틀

수탁(수탉)

봉투

하회탈

노트북

도토리

헬리콥터

미끄럼틀

감자튀김

땅콩버터

손톱까끼(손톱깎이)

음소탐지 연습 I (연구개파열음 /ㄱ ㄲ ㅋ/)

어두초성 /ㄱ/

가지

개미

구두

김치

거미

그네

감자

구닌(군인)

고깜(곶감)

강아지

개구리

고구마

고무신

갈매기

경찰관

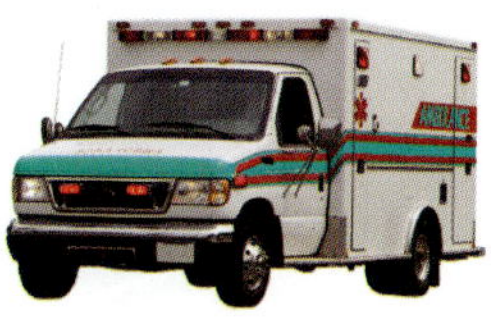

구급차

고슴도치

고래상어

어중초성 /ㄱ/

대게

레고

감귤

당근

전구

딸기

망고

사과

조개

소방관

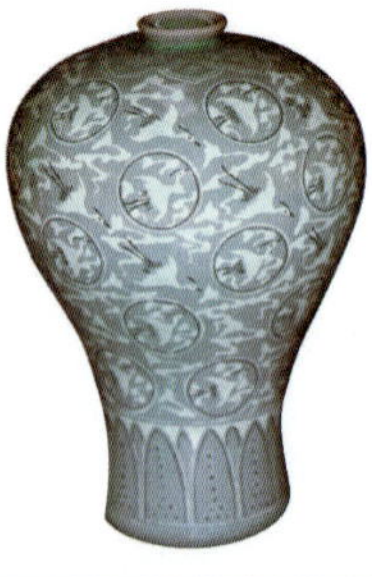
도자기

야구공

쌀국쑤(쌀국수)	시금치	태극끼(태극기)

썬글라쓰(썬글라스)	권투장갑	해바라기

어말종성 /ㄱ/

함복(한복)

수탁(수탉)

목탁

떡꾹(떡국)

트럭

큼북(큰북)

수박

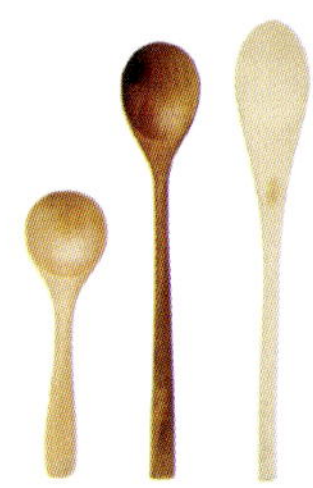

주걱

짹짹

전복쭉(전복죽)

다노박(단호박)

스케치북

어중종성 /ㄱ/

낙찌(낙지)

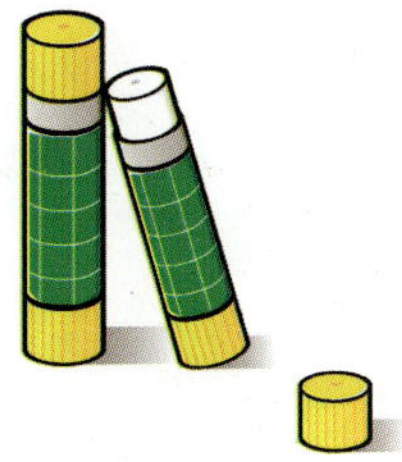
딱풀

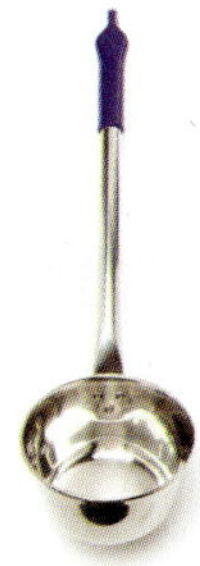
국짜(국자)

낙타

택씨(택시)

축꾸공(축구공)

식빵

색쫑이(색종이)

태극끼(태극기)

책까방(책가방)

복쑹아(복숭아)

삐약삐약

어두초성 /ㄲ/

꼬리

깬닙(깻잎)

깡통

꿀벌

꼬께(꽃게)

꽥꽥

꽁치

꿀꿀

까마귀

깍뚜기(깍두기)

깡총깡총

꼬빠구니(꽃바구니)

어중초성 /ㄲ/

뚜껑

물깨(물개)

고깜(곶감)

도끼

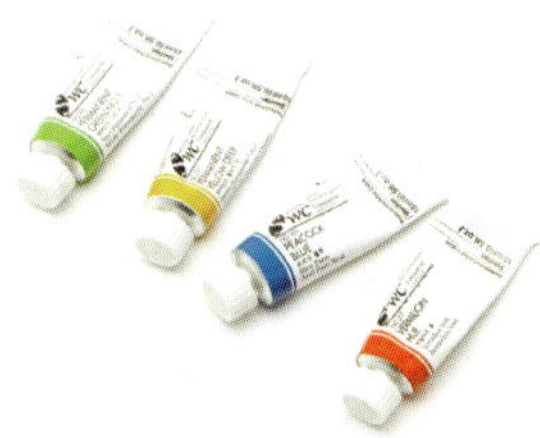
물깜(물감)

떡꾹(떡국)

흑꼼(흑곰)

사진끼(사진기)

주꾸미

코끼리

손톱까끼(손톱깎이)

바다까재(바닷가재)

어두초성 /ㅋ/

커피

큼북(큰북)

코드

키위

쿠키

콜라

캥거루

캐리어

코끼리

카라멜

컴나면(컵라면)

코뿔쏘(코뿔소)

어중초성 /ㅋ/

포크

치킨

땅콩

바퀴

마카롱

초콜릳(초콜릿)

헬리콥터

파프리카

브로콜리

아보카도

스케치북

아이스크림

음소탐지 연습 I (양순비음 /ㅁ/)

어두초성 /ㅁ/

망고

망치

물컵

만두

메론

매미

목탁

무너(문어)

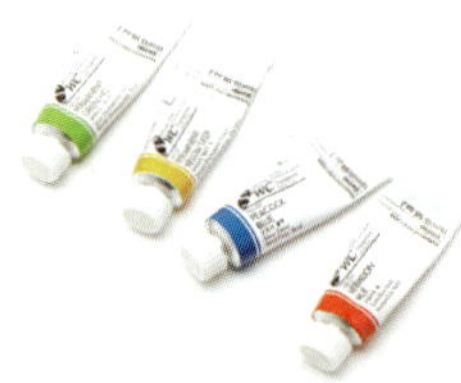
물깜(물감)

물깨(물개)

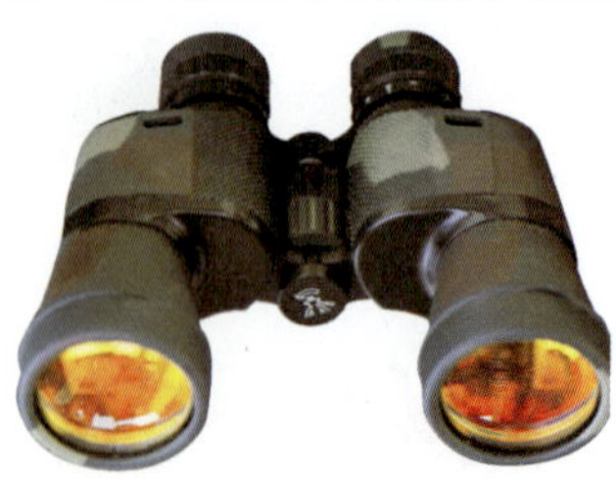
망웡경(망원경)

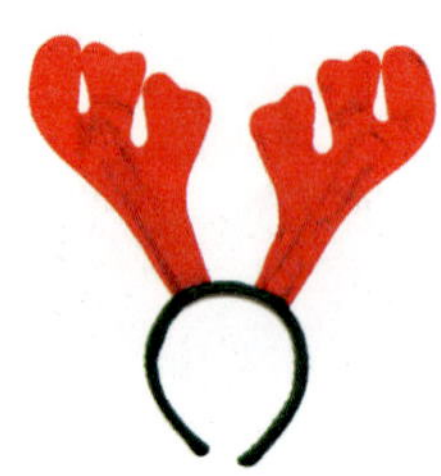
머리띠

메뚜기

모종삽

마카롱

무당벌레

미끄럼틀

물조리개

어중초성 /ㅁ/

레몬

개미

섬물(선물)

심문(신문)

냉면

도마

라면

카라멜

안전모

까마귀

나문닙(나뭇잎)

다리미

갈매기

고구마

고무신

짜장면

앵무새

얼룩말

어말종성 /ㅁ/

고깜(곶감)

사슴

튀김

흑꼼(흑곰)

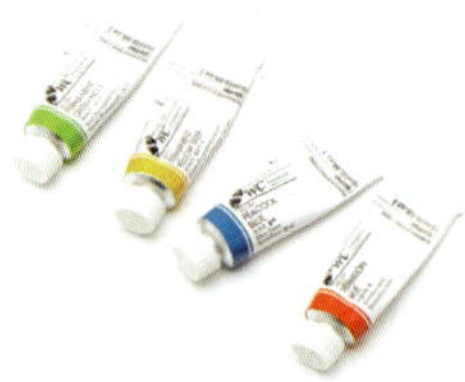
물깜(물감)

군밤

싸움

계란찜

눈싸람(눈사람)

바다표범

감자튀김

아이스크림

어중종성 /ㅁ/

염소

감자

김빱(김밥)

염필(연필)

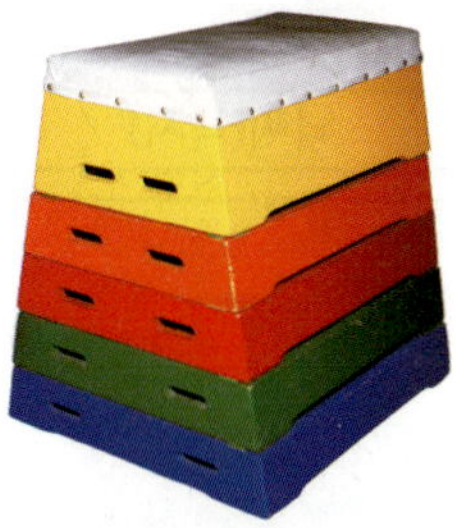

뜀틀

냄비

함복(한복)

나침반

짬짜면

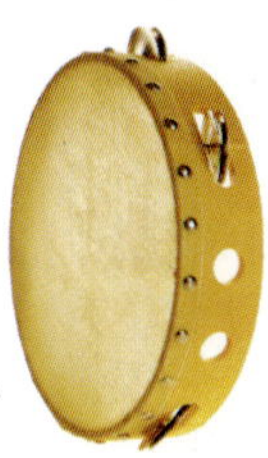

탬버린

고슴도치

미끄럼틀

음소탐지 연습 I (치경비음 /ㄴ/)

어두초성 /ㄴ/

나비

낙찌(낙지)

냉면

냄비

나초

낙타

농부

남매

노끈

나이테

농구공

냉장고

노트북

눈싸람(눈사람)

나문닙(나뭇잎)

나침반

누룽지

느타리 버섣(버섯)

어중초성 /ㄴ/

그네

구닌(군인)

마늘

무너(문어)

여너(연어)

도넏(도넛)

비누

단풍닙(단풍잎)

미나리

피아노

생년필(색연필)

선생님

다노박(단호박)

바나나

할머니

복쭈머니(복주머니)

꼬빠구니(꽃바구니)

파이내플(파인애플)

어말종성 /ㄴ/

냉면

겨론(결혼)

치킨

메론

당근

라면

레몬

나침반

경찰관

고무신

소방관

지구본

어중종성 /ㄴ/

전구

진주

판다

안전모

눈싸람(눈사람)

선생님

사진끼(사진기)

나문닙(나뭇잎)

계란찜

전기밥쏱(전기밥솥)

손톱까끼(손톱깎이)

생선구이

음소탐지 연습 I (연구개비음 /ㅇ/)

어말종성 /ㅇ/

깡통

찐빵

땅콩

식빵

앙경(안경)

뚜껑

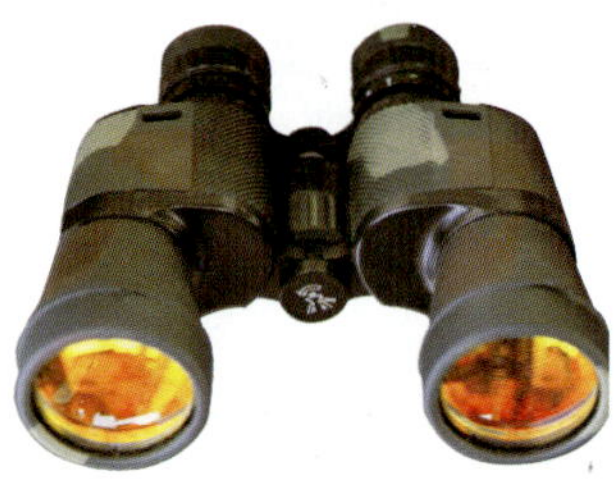

망웡경(망원경)

농구공

레슬링

마카롱

야구공

쏘시지빵(소시지빵)

어중종성 /ㅇ/

경찰

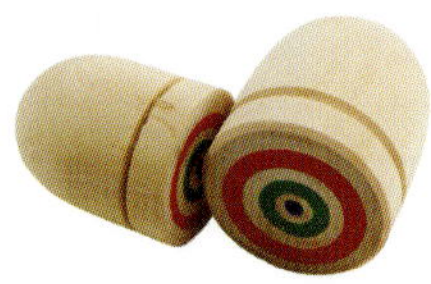
팽이

동전

망고

당근

달팽이

뿅망치

호랑이

냉장고

단풍닙(단풍잎)

권투장갑

무당벌레

음소탐지 연습 I (유음 /ㄹ/)

어두초성 /ㄹ/

라면

레몬

레고

리본

라켇(라켓)

로켇(로켓)

로볻(로봇)

레미콘

라이터

라디오

레슬링

롤러스케이트

어중초성 /ㄹ/

트럭

꼬리

메론

소라

조럽(졸업)

오리

계란찜

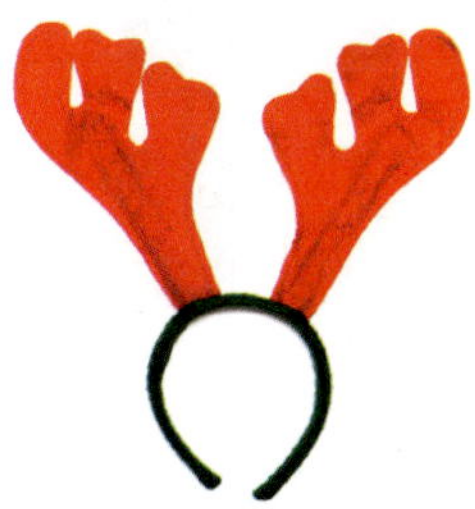
머리띠

마카롱

잠자리

캥거루

썬크림

다리미

호랑이

눈싸람(눈사람)

쓰레기통

미끄럼틀

물조리개

딱따구리

드라이기

불가사리

해바라기

파프리카

아이스크림

어말종성 /ㄹ/

감귤

꿀벌

입쑬(입술)

딱풀

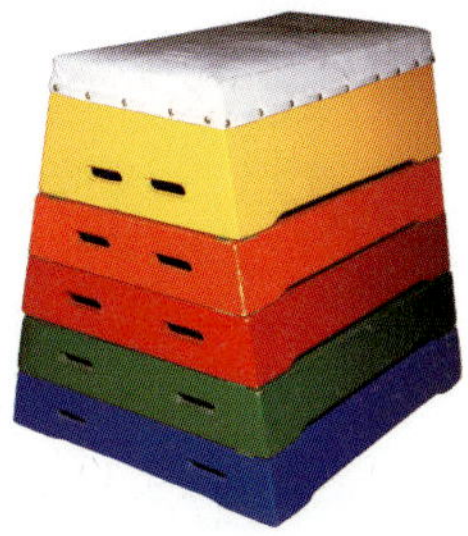
뜀틀

치쏠(칫솔)

섬물(선물)

와플

쌘들(샌들)

생년필(색연필)

오리발

파이내플(파인애플)

어중종성 /ㄹ/

물컵

열쐬(열쇠)

물깨(물개)

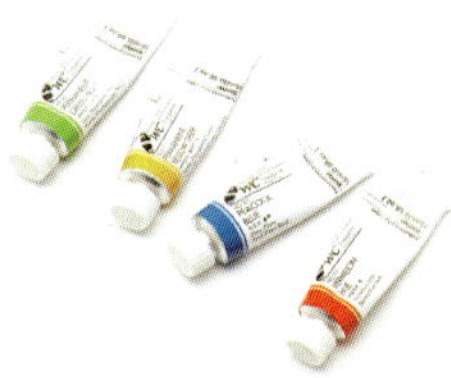
물깜(물감)

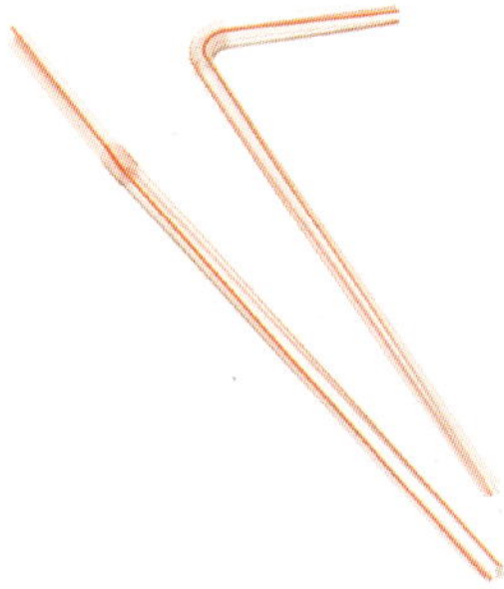
빨때(빨대)

달팽이

갈매기

경찰관

코뿔쏘(코뿔소)

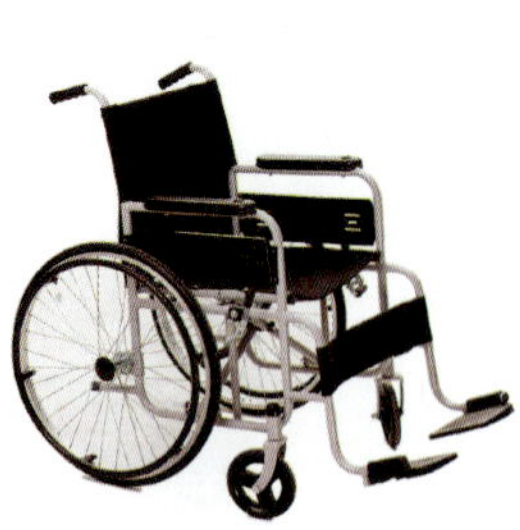
휠체어

불가사리

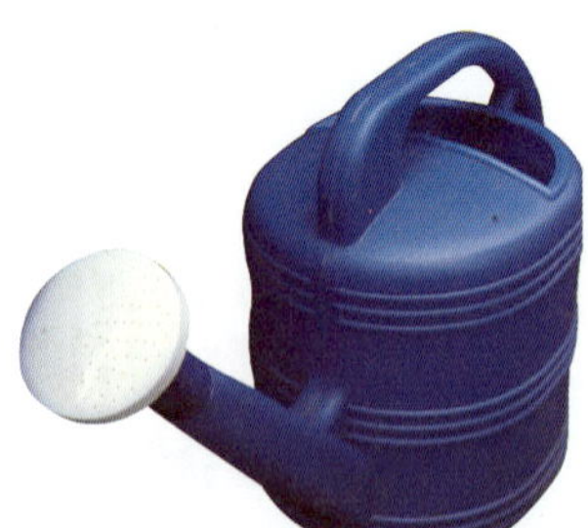
물조리개

어말종성 /ㄹ-ㄹ/ 연쇄

달력

블럭

젤리

첼로

콜라

초콜릳(초콜릿)

얼룩말

썬글라쓰(썬글라스)

빨래찝께(빨래집게)

브로콜리

헬리콥터

블루베리

음소탐지 연습 I (치경마찰음 /ㅅ ㅆ/)

어두초성 /ㅅ/

사과

수박

새우

식빵

섬물(선물)

소라

수탁(수탉)

시금치

소방관

소화기

산딸기

생년필(색연필)

사진끼(사진기)

색쫑이(색종이)

스케치북

손톱까끼(손톱깎이)

생선구이

수업씨간(수업시간)

어중초성 /ㅅ/

사슴

생선

버섣(버섯)

풍선

홍시

모종삽

양상추

앵무새

레슬링

때수건

선생님

불가사리

사슴벌레

소떡소떡

고슴도치

고래상어

아이스크림

롤러스케이트

어두초성 /ㅆ/

쌘들(샌들)

싼타(산타)

썰매

싸움

써핑(서핑)

썬크림

쌀과자

쌍둥이

쌀국쑤(쌀국수)

쏘시지빵(소시지빵)

쓰레기통

썬글라쓰(썬글라스)

어중초성 /ㅆ/

주쓰(주스)

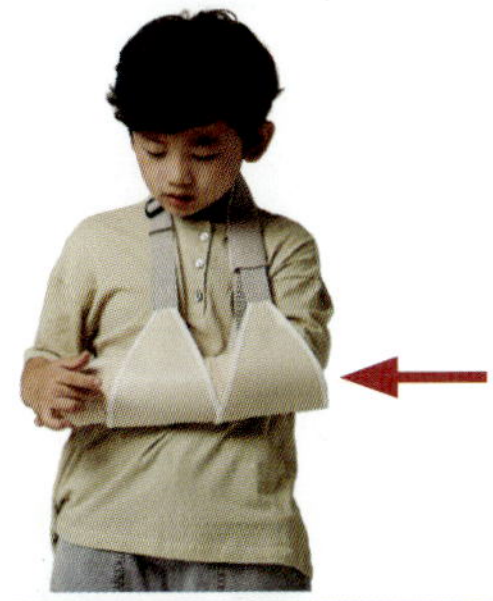

깁쓰(깁스)

입쑬(입술)

집씬(짚신)

치쏠(칫솔)

택씨(택시)

복쑹아(복숭아)

눈싸람(눈사람)

코뿔쏘(코뿔소)

옥쑤수(옥수수)

급씩씨간(급식시간)

초등학쌩(초등학생)

음소탐지 연습 I (경구개파찰음 /ㅈ ㅉ ㅊ/)

어두초성 /ㅈ/

자두

장미

전구

조개

조럽(졸업)

주걱

진주

집씬(짚신)

젤리

주쓰(주스)

자동차

점복쭉(전복죽)

지구본

주사위

잠자리

전기밥쏱(전기밥솥)

전기코드

장빠구니(장바구니)

어중초성 /ㅈ/

가지

감자

타조

돼지

동전

피자

안전모

사진끼(사진기)

모종삽

오징어

도자기

냉장고

강아지

짜장면

바다까재(바닷가재)

쏘시지빵(소시지빵)

권투장갑

물조리개

어두초성 /ㅉ/

짬뽕

짜꿍(짝꿍)

찐빵

짹짹

찌개

쪽파

찜만두(찐만두)

짜장면

쭈꾸미

짬짜면

쪽머리

짤쭈머니(짤주머니)

어중초성 /ㅉ/

국짜(국자)

낙찌(낙지)

백쪼(백조)

팔짱

팔찌

딸기잼(딸기잼)

전복쭉(전복죽)

색쫑이(색종이)

계란찜

복쭈머니(복주머니)

밀찝모자(밀짚모자)

빨래찝께(빨래집게)

어두초성 /ㅊ/

치쏠(칫솔)	치킨	첼로

차뫼(참외)	채까방(책가방)	청소기

추꾸공(축구공)	청포도	초콜릳(초콜릿)

총각낌치(총각김치)	청둥오리	초등학쌩(초등학생)

어중초성 /ㅊ/

망치

김치

나초

자동차

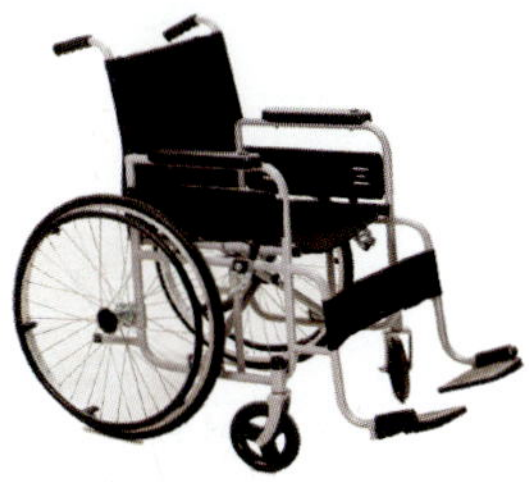
휠체어

나침반

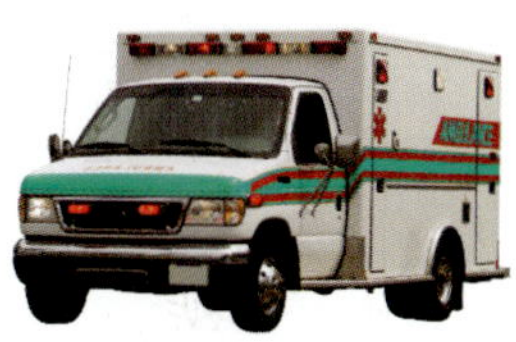
구급차

감자칩

경찰관

스케치북

고슴도치

갈치구이

3단계 음소대조 연습 II (종성위치)

활동 소개

- 1단계 음소대조 연습 I 과 동일

활동 주제

- 비슷한 말소리 변별하기(종성위치)

활동 대상

- 비슷한 종성 소리들을 듣고 변별하는 데 어려움을 가지는 아동
- 초성 변별은 가능하나, 종성 변별이 어려운 아동은 3단계부터 시작

활동 목표

- 비슷한 종성 자음 소리를 듣고 말소리를 정확히 변별

활동 절차

※ 1단계의 음소대조 연습 I 과 동일한 절차대로 진행

단, 초성 자음과 다른 종성 말소리로 제시

❶ 아동이 소리로 구분하기 어려운 목표 자음 카드 두 장을 선정

▶ 주의사항: 글자모양과 말소리 매칭이 어려운 아동은 도형 상징을 사용

▶ 도형은 초성에서는 ☆, △로 표시하고, 종성에서는 ★, ▲로 표시

예) /ㄹ/(을) → ★, /ㄴ/(은) → ▲

❷ 두 장의 카드를 놓고 목표음 글자(도형)를 보여 주며 소리를 들려주기

예1) /ㄹ/ 글자를 가리키며 '이것은 '이것은 /ㄹ/(을) 소리야.'

예2) ★ 모양을 가리키며 '이것은 /ㄹ/(을) 소리야.'

▲ 모양을 가리키며 '이것은 /ㄴ/(은) 소리야.'

▶ 주의사항: 1단계 주의사항과 동일

▶ 7종성 말소리: /ㄱㄲㅋ/(윽), /ㄴ/(은), /ㄷㅌㅅㅈㅊㅆ/(읃), /ㄹ/(을), /ㅁ/(음), /ㅂㅍ/(읍), /ㅇ/(응)

③ ❷번에서 도형과 소리 매칭이 가능해진 후에는 도형카드를 글자카드로 바꾸어 목표음과 글자 매칭하기

▶ 글자카드로 바꾸었을 때에도 여전히 어려워하는 아동은 글자와 도형 그림이 함께 있는 카드를 사용하기

예)

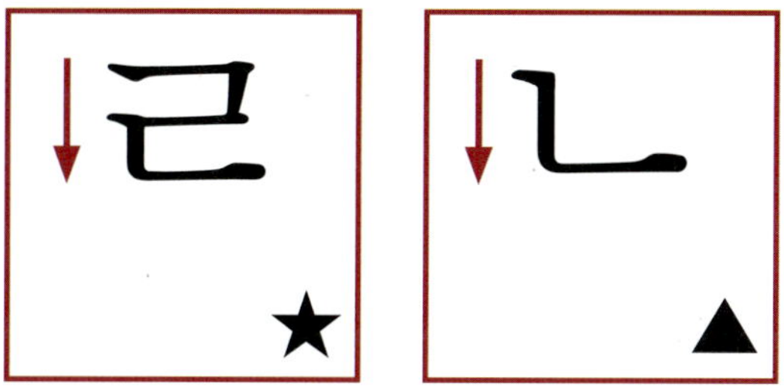

④ 대조되는 목표음의 소리 변별하기

Phase 1 들려주는 소리에 해당하는 글자/도형(★, ▲) 건네주기(2개 소리 변별)

▶ 달성기준: 80%이상 정반응을 보이면 Phase2로 이동

Phase 2 들려주는 소리에 해당하는 글자/도형 건네주기(3개 소리 변별)

▶ Phase1 달성 후 목표음 외에 비슷한 다른 소리(도형 ●) 추가 연습

▶ 달성기준: 80% 이상 정반응을 보이면 [2단계] 음소탐지 연습(시각위치에서)으로 이동

주의사항

- 변별과제 하는 동안 목표음을 절대 아동이 따라 말하지 않도록 주의
- 산출연습 전이므로 아동이 따라 말하면 자신이 산출한 틀린 발음을 듣고 선택할 수 있기 때문

사용 예시 영상	
우측의 QR 코드 사용	

음소대조 연습 II (종성위치) CHECK LIST

아 동 명:________________ 생년월일:________________ S L P:________________

<table>
<tr><td>연습 날짜</td><td colspan="3"></td><td colspan="3">목표 소리</td><td colspan="2"></td></tr>
<tr><td colspan="9">※ 아래 작은 네모 칸에 왼쪽부터 순차적으로 정·오 반응을 표시하세요.</td></tr>
<tr><td rowspan="2">2개 소리 변별</td><td></td><td></td><td></td><td></td><td></td><td></td><td></td><td></td></tr>
<tr><td></td><td></td><td></td><td></td><td></td><td></td><td></td><td></td></tr>
<tr><td rowspan="2">3개 소리 변별</td><td></td><td></td><td></td><td></td><td></td><td></td><td></td><td></td></tr>
<tr><td></td><td></td><td></td><td></td><td></td><td></td><td></td><td></td></tr>
<tr><td>비고</td><td colspan="8"></td></tr>
</table>

<table>
<tr><td>연습 날짜</td><td colspan="3"></td><td colspan="3">목표 소리</td><td colspan="2"></td></tr>
<tr><td colspan="9">※ 아래 작은 네모 칸에 왼쪽부터 순차적으로 정·오 반응을 표시하세요.</td></tr>
<tr><td rowspan="2">2개 소리 변별</td><td></td><td></td><td></td><td></td><td></td><td></td><td></td><td></td></tr>
<tr><td></td><td></td><td></td><td></td><td></td><td></td><td></td><td></td></tr>
<tr><td rowspan="2">3개 소리 변별</td><td></td><td></td><td></td><td></td><td></td><td></td><td></td><td></td></tr>
<tr><td></td><td></td><td></td><td></td><td></td><td></td><td></td><td></td></tr>
<tr><td>비고</td><td colspan="8"></td></tr>
</table>

※ CHECK LIST 작성 예시: 1단계 예시 참조

아 동 명: ______________________ 생년월일: ______________________

연습 기간: ______________________ S L P: ______________________

연습 날짜	목표 대조		과제 유형	달성률 (%)	특이사항
/	ㄹ-ㄴ ㄴ-ㅇ ㅁ-ㄴ ㅁ-ㅇ	ㄷ-ㄱ ㅂ-ㅁ ㄱ-ㅂ ㅂ-ㄷ	2개 소리 변별 ( ) 3개 소리 변별 ( )	%	
/	ㄹ-ㄴ ㄴ-ㅇ ㅁ-ㄴ ㅁ-ㅇ	ㄷ-ㄱ ㅂ-ㅁ ㄱ-ㅂ ㅂ-ㄷ	2개 소리 변별 ( ) 3개 소리 변별 ( )	%	
/	ㄹ-ㄴ ㄴ-ㅇ ㅁ-ㄴ ㅁ-ㅇ	ㄷ-ㄱ ㅂ-ㅁ ㄱ-ㅂ ㅂ-ㄷ	2개 소리 변별 ( ) 3개 소리 변별 ( )	%	
/	ㄹ-ㄴ ㄴ-ㅇ ㅁ-ㄴ ㅁ-ㅇ	ㄷ-ㄱ ㅂ-ㅁ ㄱ-ㅂ ㅂ-ㄷ	2개 소리 변별 ( ) 3개 소리 변별 ( )	%	
/	ㄹ-ㄴ ㄴ-ㅇ ㅁ-ㄴ ㅁ-ㅇ	ㄷ-ㄱ ㅂ-ㅁ ㄱ-ㅂ ㅂ-ㄷ	2개 소리 변별 ( ) 3개 소리 변별 ( )	%	

※ CHECK LIST 작성 예시: 1단계 예시 참조

음소대조 연습 II (종성위치) 도형/자음

도형 그림

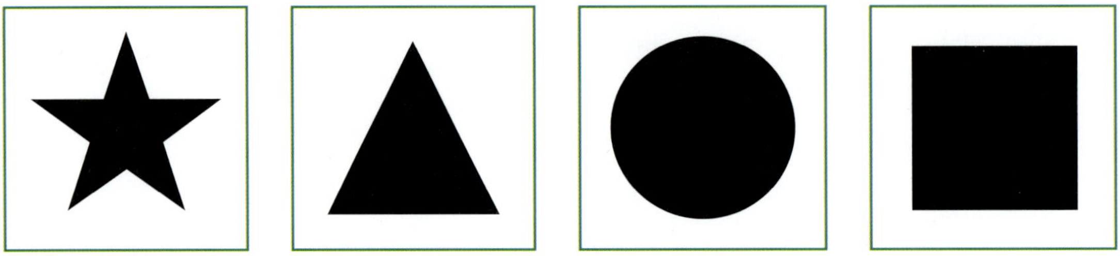

치경음 유음–비음

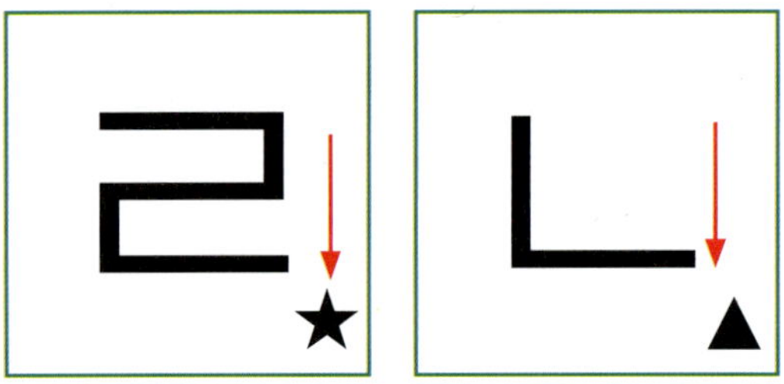

유음 ㄹ	비음 ㄴ

비음 치경음–연구개음

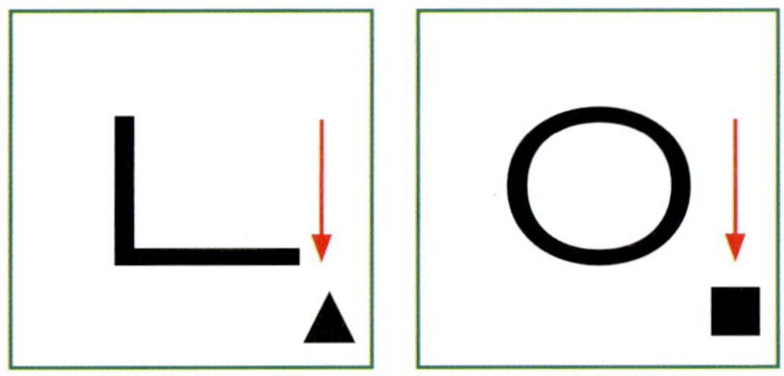

치경음 ㄴ	연구개음 ㅇ

비음 양순음–치경음

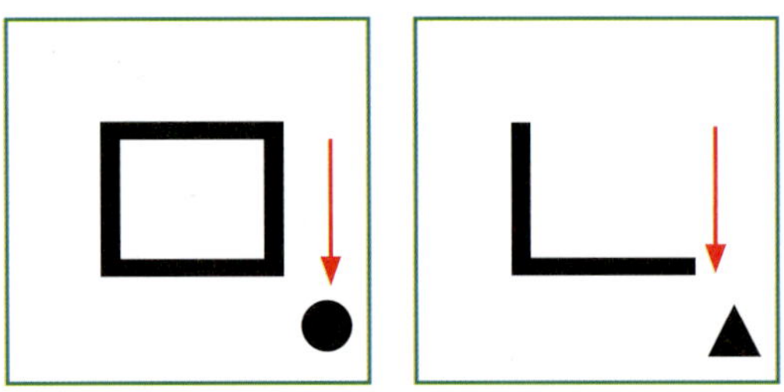

양순음 ㅁ	치경음 ㄴ

비음 양순음–연구개음

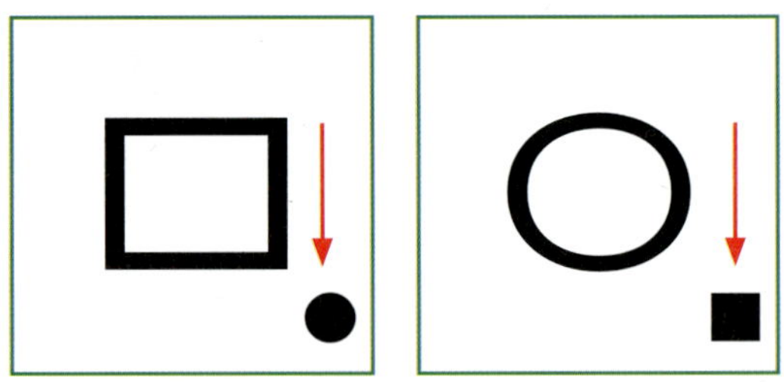

양순비음 ㅁ	연구개음 ㅇ

파열음

ㄷ ↓ ★	ㄱ ↓ ●
치경음 ㄷ	연구개음 ㄱ

양순음

ㅂ ↓ ▲	ㅁ ↓ ●
파열음 ㅂ	비음 ㅁ

파열음

ㄱ ↓ ●	ㅂ ↓ ▲
연구개음 ㄱ	양순음 ㅂ

파열음

ㅂ ↓ ▲	ㄷ ↓ ★
양순음 ㅂ	치경음 ㄷ

4단계 음소탐지 연습 II (청각적 위치탐지)

활동 소개

- 2단계 내용과 동일

활동 주제

- 목표 음소별 소리 확인하기
- 목표 음소 위치를 소리로 정확히 듣고 구분하여 탐지하기

활동 대상

- 3단계 달성기준을 달성한 아동
- 들려주는 말소리의 위치탐지가 어려운 아동

활동 목표

- 들려주는 말소리를 듣고 정확한 위치탐지
  - ▶ 들려주는 말소리가 몇 번째 음절에 위치해 있는지 듣고 표시

※ 2단계 활동과 차이: 2단계는 글자 단서가 있어 목표음을 시각적으로 확인할 수 있으나, 4단계는 글자 단서 없이 목표음의 위치를 확인

※ 2단계와 마찬가지로 대조를 사용하지 않고, 각 음소별 목표음 소리를 확인하도록 하여 실시

활동 절차

❶ 아동에게 목표음이 포함된 단어 그림(4단계)을 제시

- 단어 그림 하단에 단어 글자가 제시된 '음소탐지 연습 II' 제시
- 치료사가 목표음이 포함된 단어 그림을 펼쳐 놓고 단어의 이름을 천천히 말하기
  - ▶ 아동은 그림 하단의 글자 수만큼 그려 놓은 동그라미 안에 목표음의 위치 표시(색칠)하기

예) 치료사: 레몬의 /ㄹ/ 소리는 어디 있지?

아동: 그림 하단의 동그라미 중 윗줄의 첫 번째 칸에 표시하기

- 초성위치: 윗줄의 동그라미에 표시하기
- 종성위치: 아랫줄의 동그라미에 표시하기
- 아동이 소리의 위치를 찾지 못하면 분절하여 말소리를 들려주면서 동시에 소리의 위치를 같이 확인하여 표시하기

▶ 달성기준: 목표단어 내의 목표음 위치를 90% 이상 정확히 표시하면 달성으로 간주하여 다음 단계로 이동

●○ ○○	○○●○ ○○○○	○○●○ ○○○●

주의사항

- 목표음끼리 음운대조 하지 않고, 각 음소별 목표음 소리 확인하기
- 이번 단계는 아동이 목표를 달성하는 데 여러 회기가 걸릴 수 있음

▶ 전체 단계 중 다음 단계로 넘어가는 데 가장 오래 걸릴 수 있는 단계임을 감안하여 90%가 달성될 때까지 보호자에게 안내하고 지도할 것

- 종성은 어말종성 단어부터 연습, 숙달 후 어중종성 목표음 단어 연습

▶ 유음 /ㄹ/ 포함

사용 예시 영상
우측의 QR 코드 사용

음소탐지 연습 II (청각적 위치탐지) CHECK LIST

연습 날짜	목표 음소	목표음 위치	달성률 (%)	특이사항
/	ㄱ ㄲ ㅋ ㄴ ㄹ ㅁ ㅇ ㄷ ㄸ ㅌ ㅂ ㅃ ㅍ ㅈ ㅉ ㅊ ㅅ ㅆ	어두초성( ) 어중초성( ) 어말종성( ) 어중종성( )	%	
/	ㄱ ㄲ ㅋ ㄴ ㄹ ㅁ ㅇ ㄷ ㄸ ㅌ ㅂ ㅃ ㅍ ㅈ ㅉ ㅊ ㅅ ㅆ	어두초성( ) 어중초성( ) 어말종성( ) 어중종성( )	%	
/	ㄱ ㄲ ㅋ ㄴ ㄹ ㅁ ㅇ ㄷ ㄸ ㅌ ㅂ ㅃ ㅍ ㅈ ㅉ ㅊ ㅅ ㅆ	어두초성( ) 어중초성( ) 어말종성( ) 어중종성( )	%	
/	ㄱ ㄲ ㅋ ㄴ ㄹ ㅁ ㅇ ㄷ ㄸ ㅌ ㅂ ㅃ ㅍ ㅈ ㅉ ㅊ ㅅ ㅆ	어두초성( ) 어중초성( ) 어말종성( ) 어중종성( )	%	
/	ㄱ ㄲ ㅋ ㄴ ㄹ ㅁ ㅇ ㄷ ㄸ ㅌ ㅂ ㅃ ㅍ ㅈ ㅉ ㅊ ㅅ ㅆ	어두초성( ) 어중초성( ) 어말종성( ) 어중종성( )	%	

음소탐지 연습 II (양순파열음 /ㅂ/)

○○
○○

○○
○○

○○
○○

○○
○○

○○
○○

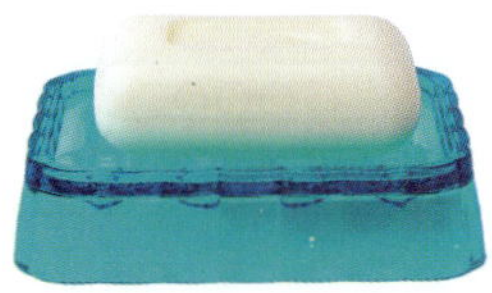

○○
○○

○○
○○

○○○
○○○

○○○
○○○

○○○
○○○

○○○
○○○

○○○
○○○

○○○○
○○○○

○○○○
○○○○

○○○○
○○○○

○○○○
○○○○

○○○○
○○○○

○○○○
○○○○

○○
○○

○○
○○

○○
○○

○○
○○

○○
○○

○○
○○

○○
○○

○○○
○○○

○○○
○○○

○○
○○

○○○
○○○

○○○
○○○

○○○
○○○

○○○
○○○

○○○○
○○○○

○○○○
○○○○

○○○○
○○○○

○○○○
○○○○

○○
○○

○○
○○

○○
○○

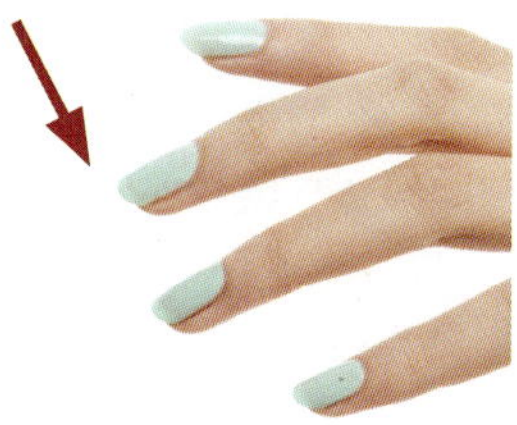

○○
○○

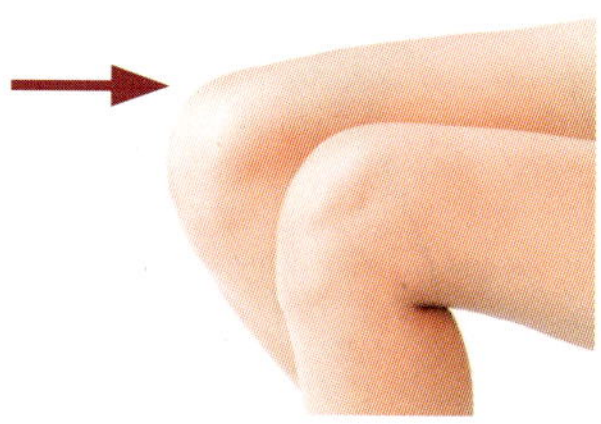

○○
○○

○○○
○○○

○○○
○○○

○○○
○○○

○○○
○○○

○○○
○○○

○○○
○○○

○○○○
○○○○

○○
○○

○○
○○

○○
○○

○○
○○

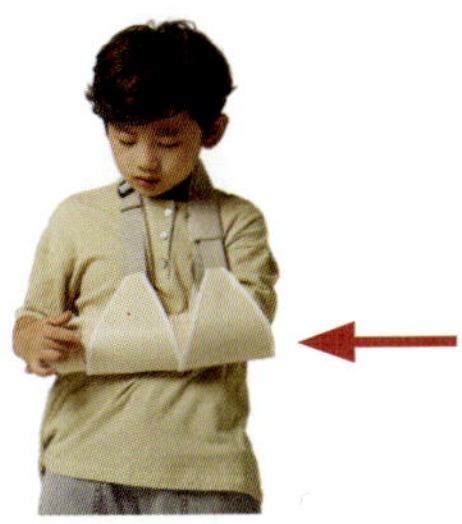

○○
○○

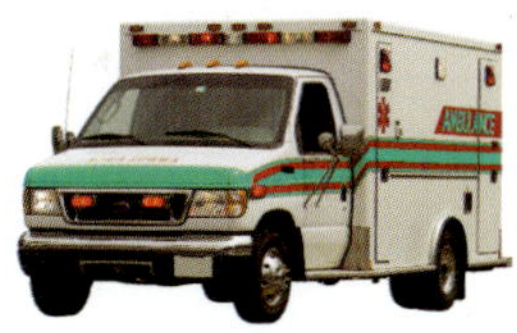

○○○
○○○

○○○
○○○

○○○
○○○

○○○○
○○○○

○○○○
○○○○

○○○○
○○○○

○○○○
○○○○

음소탐지 연습 II (양순파열음 /ㅃ/)

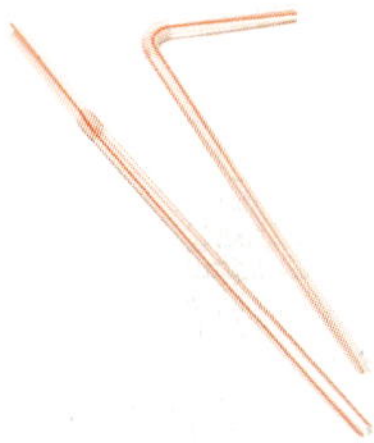

○○
○○

○○
○○

○○
○○

○○
○○

○○○
○○○

○○○
○○○

○○○
○○○

○○○○
○○○○

○○○○
○○○○

○○
○○

○○
○○

○○
○○

○○
○○

○○○
○○○

○○○
○○○

○○○
○○○

○○○
○○○

○○○
○○○

○○○○
○○○○

○○○○
○○○○

1A 우유
1A 우유

○○○○
○○○○

음소탐지 연습 II (양순파열음 /ㅍ/)

○○
○○

○○
○○

○○
○○

○○
○○

○○
○○

○○
○○

○○
○○

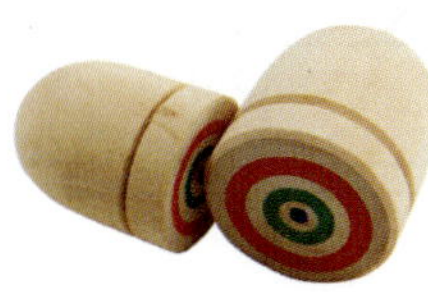

○○
○○

○○
○○

○○○
○○○

○○○○
○○○○

○○○○
○○○○

○○
○○

○○
○○

○○
○○

○○
○○

○○
○○

○○
○○

○○○
○○○

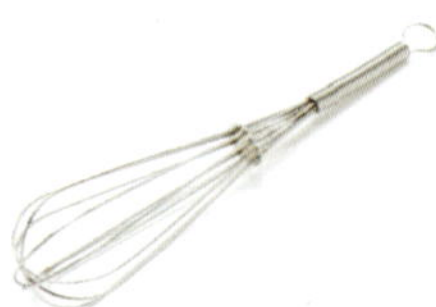

○○○
○○○

○○○
○○○

○○○○
○○○○

○○○○
○○○○

○○○○○
○○○○○

음소탐지 연습 II (치경파열음 /ㄷ/)

○○
○○

○○
○○

○○
○○

○○
○○

○○
○○

○○
○○

○○
○○

○○
○○

○○
○○

○○○
○○○

○○○
○○○

○○○
○○○

○○○
○○○

○○○
○○○

○○○
○○○

○○○
○○○

○○○
○○○

○○○○
○○○○

○○
○○

○○
○○

○○
○○

○○
○○

○○
○○

○○
○○

○○○
○○○

○○○
○○○

○○○
○○○

○○○
○○○

○○○○
○○○○

○○○○
○○○○

○○○○
○○○○

○○○○
○○○○

○○○○
○○○○

○○○○
○○○○

○○○○
○○○○

○○○○○
○○○○○

○○
○○

○○
○○

○○
○○

○○
○○

○○
○○

○○○
○○○

○○○
○○○

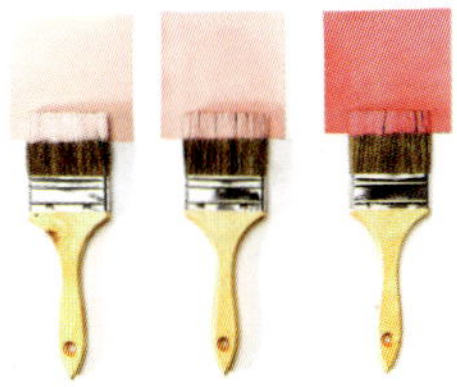

○○○○
○○○○

○○○○○
○○○○○

음소탐지 연습 Ⅱ (치경파열음 /ㄸ/)

○○
○○

○○
○○

○○
○○

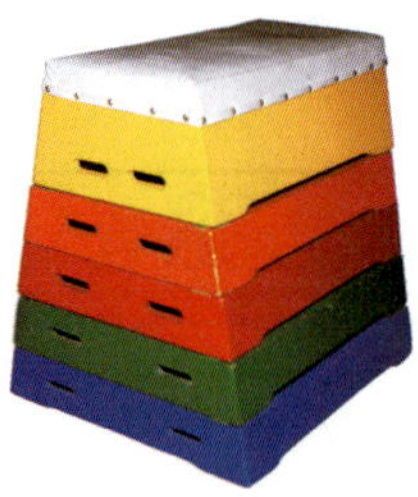

○○
○○

○○
○○

○○
○○

○○○
○○○

○○○
○○○

○○○
○○○

○○○
○○○

○○○○
○○○○

○○○○
○○○○

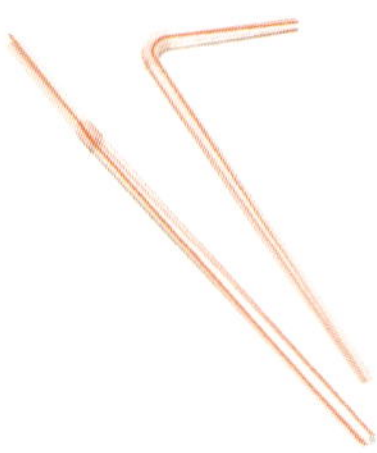

○○
○○

○○
○○

○○○
○○○

○○○
○○○

○○○
○○○

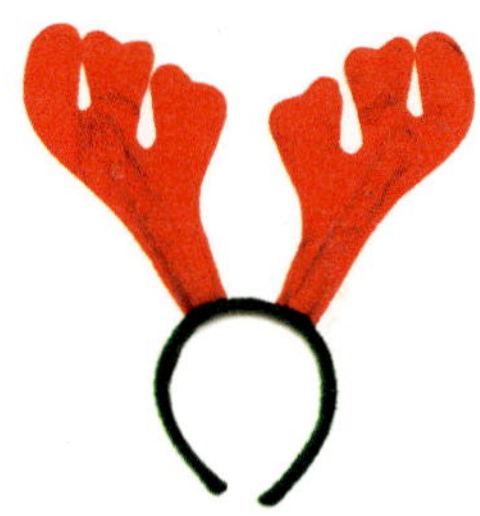

○○○
○○○

○○○
○○○

○○○
○○○

○○○
○○○

○○○○
○○○○

○○○○
○○○○

○○○○
○○○○

음소탐지 연습 II (치경파열음 /ㅌ/)

○○
○○

○○
○○

○○
○○

○○
○○

○○
○○

○○
○○

○○○
○○○

○○○
○○○

○○○
○○○

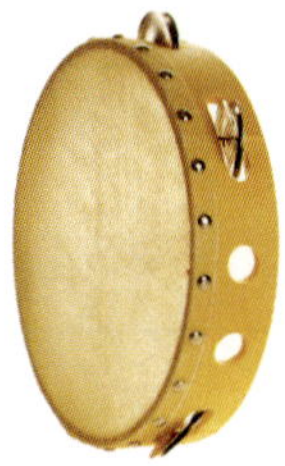

○○○
○○○

○○○
○○○

○○○○
○○○○

○○
○○

○○
○○

○○
○○

○○
○○

○○○
○○○

○○○
○○○

○○○
○○○

○○○○
○○○○

○○○○
○○○○

○○○○
○○○○

○○○○
○○○○

○○○○
○○○○

음소탐지 연습 Ⅱ (연구개파열음 /ㄱ/)

○○
○○

○○
○○

○○
○○

○○
○○

○○
○○

○○
○○

○○
○○

○○
○○

○○
○○

○○○
○○○

○○○
○○○

○○○
○○○

○○○
○○○

○○○
○○○

○○○
○○○

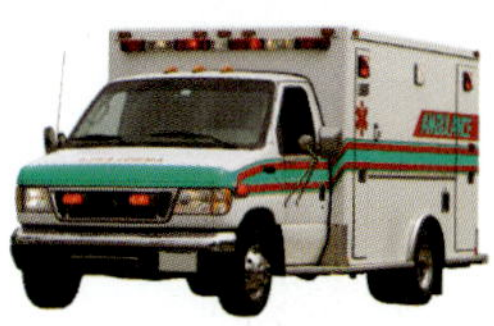

○○○
○○○

○○○○
○○○○

○○○○
○○○○

○○
○○

○○
○○

○○
○○

○○
○○

○○
○○

○○
○○

○○
○○

○○
○○

○○
○○

○○○
○○○

○○○
○○○

○○○
○○○

○○○
○○○

○○○
○○○

○○○
○○○

○○○○
○○○○

○○○○
○○○○

○○○○
○○○○

○○
○○

○○
○○

○○
○○

○○
○○

○○
○○

○○
○○

○○
○○

○○
○○

짹짹

○○
○○

○○○
○○○

○○○
○○○

○○○○
○○○○

○○
○○

○○
○○

○○
○○

○○
○○

TAXI

○○
○○

○○○
○○○

○○
○○

○○○
○○○

○○○
○○○

○○○ ○○○	○○○ ○○○	○○○○ ○○○○

음소탐지 연습 II (연구개파열음 /ㄲ/)

○○
○○

○○
○○

○○
○○

○○
○○

○○
○○

○○
○○

○○
○○

○○
○○

○○○
○○○

○○○
○○○

깡총깡총

○○○○
○○○○

○○○○
○○○○

○○
○○

○○
○○

○○
○○

○○
○○

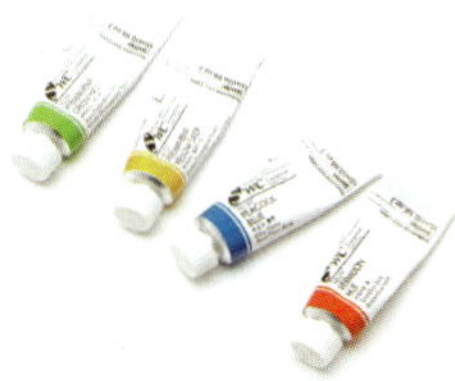

○○
○○

○○
○○

○○
○○

○○○
○○○

○○○
○○○

○○○
○○○

○○○○
○○○○

○○○○
○○○○

음소탐지 연습 II (연구개파열음 /ㅋ/)

○○
○○

○○
○○

○○
○○

○○
○○

○○
○○

○○
○○

○○○
○○○

○○○
○○○

○○○
○○○

○○○
○○○

○○○
○○○

○○○
○○○

○○
○○

○○
○○

○○
○○

○○
○○

○○○
○○○

○○○
○○○

○○○○
○○○○

○○○○
○○○○

○○○○
○○○○

○○○○
○○○○

○○○○
○○○○

○○○○○
○○○○○

음소탐지 연습 Ⅱ (양순비음 /ㅁ/)

○○
○○

○○
○○

○○
○○

○○
○○

○○
○○

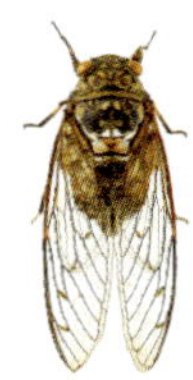

○○
○○

○○
○○

○○
○○

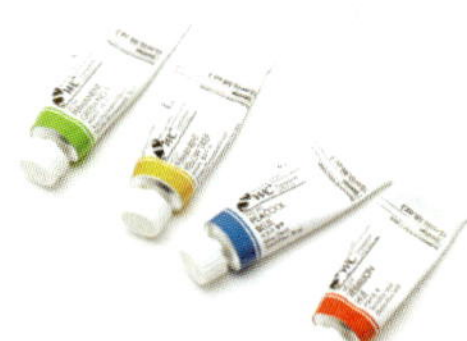

○○
○○

○○
○○

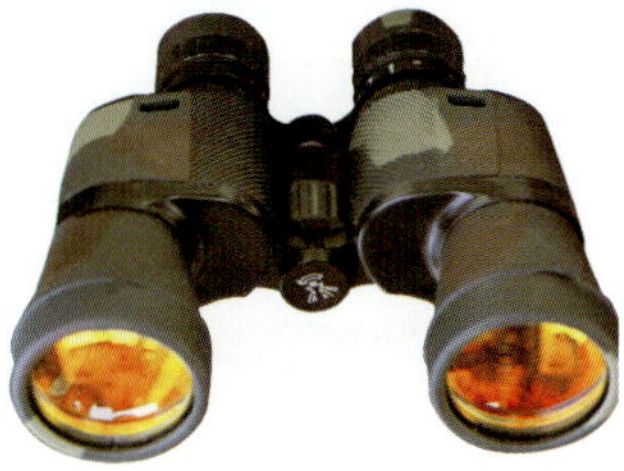

○○○
○○○

○○○
○○○

○○○
○○○

○○○
○○○

○○○
○○○

○○○○
○○○○

○○○○
○○○○

○○○○
○○○○

○○
○○

○○
○○

○○
○○

○○
○○

○○
○○

○○
○○

○○
○○

○○○
○○○

○○○
○○○

○○○
○○○

○○○
○○○

○○○
○○○

○○○
○○○

○○○
○○○

○○○
○○○

○○○
○○○

○○○
○○○

○○○
○○○

○○
○○

○○
○○

○○
○○

○○
○○

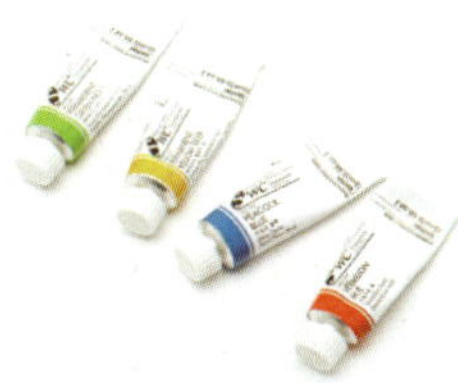

○○
○○

○○
○○

○○
○○

○○○
○○○

○○○
○○○

○○○○
○○○○

○○○○
○○○○

○○○○○
○○○○○

○○
○○

○○
○○

○○
○○

○○
○○

○○
○○

○○
○○

○○
○○

○○○
○○○

○○○
○○○

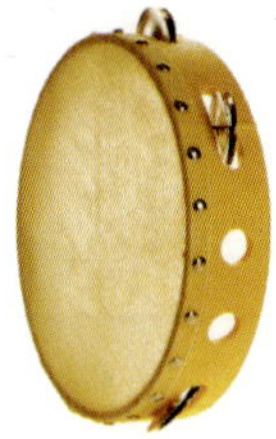

○○○
○○○

○○○○
○○○○

○○○○
○○○○

음소탐지 연습 II (치경비음 /ㄴ/)

○○
○○

○○
○○

○○
○○

○○
○○

○○
○○

○○
○○

○○
○○

○○
○○

○○
○○

○○○
○○○

○○○
○○○

○○○
○○○

○○○
○○○

○○○
○○○

○○○
○○○

○○○
○○○

○○○
○○○

○○○○○
○○○○○

○○
○○

○○
○○

○○
○○

○○
○○

○○
○○

○○
○○

○○
○○

○○○
○○○

○○○
○○○

○○○
○○○

○○○
○○○

○○○
○○○

○○○
○○○

○○○
○○○

○○○
○○○

○○○○
○○○○

○○○○
○○○○

○○○○
○○○○

○○
○○

○○
○○

○○
○○

○○
○○

○○
○○

○○
○○

○○
○○

○○○
○○○

○○○
○○○

○○○
○○○

○○○
○○○

○○○
○○○

○○
○○

○○
○○

○○
○○

○○○
○○○

○○○
○○○

○○○
○○○

○○○
○○○

○○○
○○○

○○○
○○○

○○○○
○○○○

○○○○
○○○○

○○○○
○○○○

음소탐지 연습 II (연구개비음 /ㅇ/)

○○
○○

○○
○○

○○
○○

○○
○○

○○
○○

○○
○○

○○○
○○○

○○○
○○○

○○○
○○○

○○○
○○○

○○○
○○○

○○○○
○○○○

○○
○○

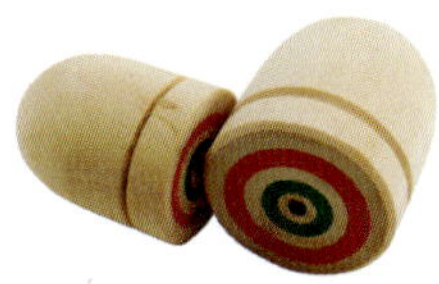

○○
○○

○○
○○

○○
○○

○○
○○

○○○
○○○

○○○
○○○

○○○
○○○

○○○
○○○

○○○
○○○

○○○○
○○○○

○○○○
○○○○

음소탐지 연습 Ⅱ (유음 /ㄹ/)

○○
○○

○○
○○

○○
○○

○○
○○

○○
○○

○○
○○

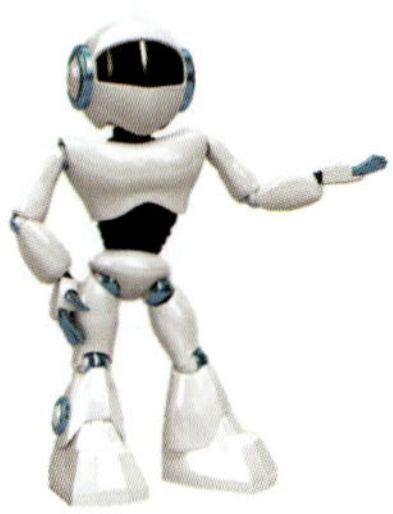

○○
○○

○○○
○○○

○○○
○○○

○○○
○○○

○○○
○○○

○○○○○○
○○○○○○

○○
○○

○○
○○

○○
○○

○○
○○

○○
○○

○○
○○

○○○
○○○

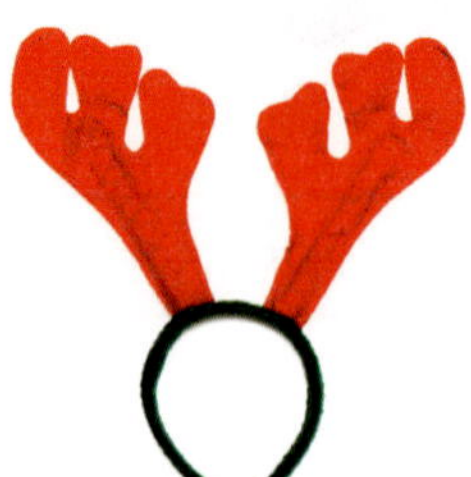

○○○
○○○

○○○
○○○

○○○
○○○

○○○
○○○

○○○
○○○

○○○
○○○

○○○
○○○

○○○
○○○

○○○○
○○○○

○○○○
○○○○

○○○○
○○○○

○○○○
○○○○

○○○○
○○○○

○○○○
○○○○

○○○○
○○○○

○○○○
○○○○

○○○○○
○○○○○

○○
○○

○○
○○

○○
○○

○○
○○

○○
○○

○○
○○

○○
○○

○○
○○

○○
○○

○○○
○○○

○○○
○○○

○○○○
○○○○

○○
○○

○○
○○

○○
○○

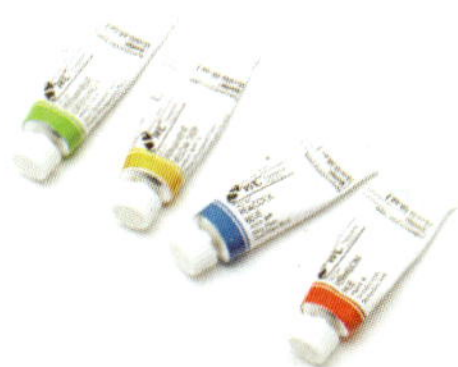

○○
○○

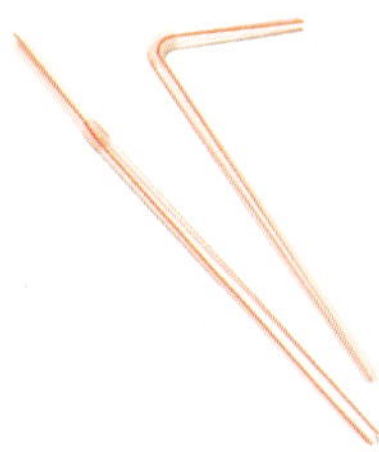

○○
○○

○○○
○○○

○○○
○○○

○○○
○○○

○○○
○○○

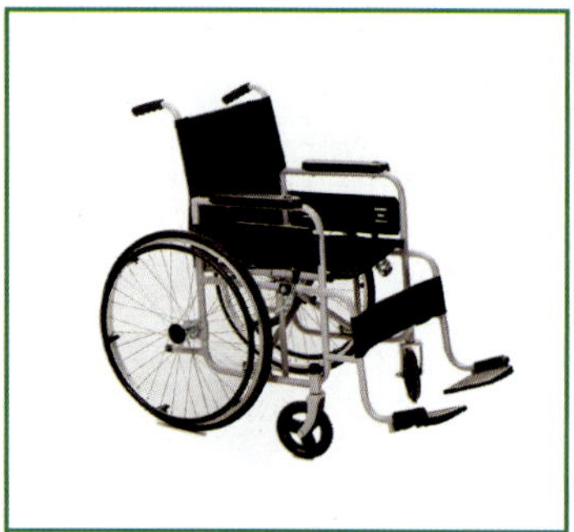

○○○
○○○

○○○○
○○○○

○○○○
○○○○

음소탐지 연습 Ⅱ (유음 /ㄹ-ㄹ/)

○○
○○

○○
○○

○○
○○

○○
○○

○○
○○

○○○
○○○

○○○
○○○

○○○○
○○○○

○○○○
○○○○

○○○○
○○○○

○○○○
○○○○

○○○○
○○○○

음소탐지 연습 II (치경마찰음 /ㅅ/)

○○
○○

○○
○○

○○
○○

○○
○○

○○
○○

○○
○○

○○
○○

○○○
○○○

○○○
○○○

○○○
○○○

○○○
○○○

○○○
○○○

○○○
○○○

○○○
○○○

○○○○
○○○○

○○○○
○○○○

○○○○
○○○○

○○○○
○○○○

○○
○○

○○
○○

○○
○○

○○
○○

○○
○○

○○○
○○○

○○○
○○○

○○○
○○○

○○○
○○○

○○○
○○○

○○○
○○○

○○○○
○○○○

○○○○
○○○○

○○○○
○○○○

○○○○
○○○○

○○○○
○○○○

○○○○○
○○○○○

○○○○○○
○○○○○○

음소탐지 연습 II (치경마찰음 /ㅆ/)

○○
○○

○○
○○

○○
○○

○○
○○

○○
○○

○○○
○○○

○○○
○○○

○○○
○○○

○○○
○○○

○○○○
○○○○

○○○○
○○○○

○○○○
○○○○

○○
○○

○○
○○

○○
○○

○○
○○

○○
○○

TAXI

○○
○○

○○○
○○○

○○○
○○○

○○○
○○○

○○○
○○○

○○○○
○○○○

○○○○
○○○○

음소탐지 연습 II (경구개파찰음 /ㅈ/)

○○
○○

○○
○○

○○
○○

○○
○○

○○
○○

○○
○○

○○
○○

○○
○○

○○
○○

○○
○○

○○○
○○○

○○○
○○○

○○○
○○○

○○○
○○○

○○○
○○○

○○○○
○○○○

○○○○
○○○○

○○○○
○○○○

○○
○○

○○
○○

○○
○○

○○
○○

○○
○○

○○
○○

○○○
○○○

○○○
○○○

○○○
○○○

○○○
○○○

○○○
○○○

○○○
○○○

○○○
○○○

○○○
○○○

○○○○
○○○○

○○○○
○○○○

○○○○
○○○○

○○○○
○○○○

음소탐지 연습 II (경구개파찰음 /ㅉ/)

○○
○○

○○
○○

○○
○○

○○
○○

○○
○○

○○
○○

○○○
○○○

○○○
○○○

○○○
○○○

○○○
○○○

○○○
○○○

○○○○
○○○○

○○
○○

○○
○○

○○
○○

○○
○○

○○
○○

○○
○○

○○○
○○○

○○○
○○○

○○○
○○○

○○○○
○○○○

○○○○
○○○○

○○○○
○○○○

음소탐지 연습 II (경구개파찰음 /ㅊ/)

○○○○
○○○○

○○○○
○○○○

○○○○
○○○○

○○
○○

○○
○○

○○
○○

○○○
○○○

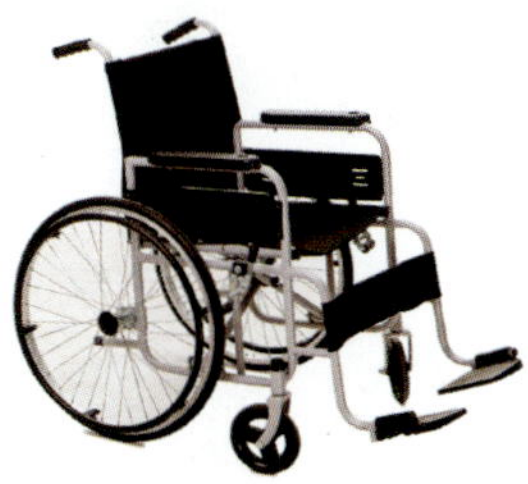

○○○
○○○

○○○
○○○

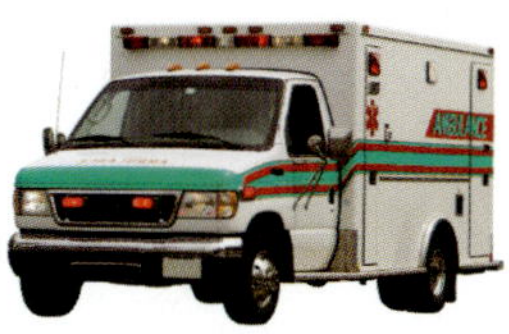

○○○
○○○

○○○
○○○

○○○
○○○

○○○○
○○○○

○○○○
○○○○

○○○○
○○○○

★단계 산출연습 (단어에서의 목표음 산출)

활동 소개

- 목표음의 정확한 소리 산출
- 4단계 달성 이후에 5~11단계 상위음운 과제와 함께 회기 내에서 동시에 진행

활동 목표

- 대조되는 각 목표음의 정확한 조음을 위한 조음위치 및 조음방법을 확인하여 단어 수준에서 정조음 산출하기

활동 대상

- 조음의 위치를 찾지 못하여 조음 문제를 동시에 보이는 아동
  - ▶ 음운대조만으로 정조음하기 어려운 아동은 ★단계(산출연습) 전, 조음지시법이나 다중감각중재 프로그램 등을 먼저 적용
- 조음 문제를 동반하지 않는 아동은 ★단계 절차대로 진행
- 읽기·쓰기 지도를 위한 음운인식 연습만을 필요로 하는 경우는 ★단계 진행하지 않고 4단계 이후에 5단계 연습으로 진행

활동 절차

❶ 아동에게 목표음이 포함된 그림카드를 제시

- '그림카드'의 각 그림을 오려서 제시

❷ 대조되는 목표음 각 그림의 소리를 모방하도록 요청

- 소리 모방 시 조음자를 찾지 못하는 경우 이 책의 '시리즈 3권'을 적용하여 조음의 위치 찾아주기(★단계 연습 전, 집중 연습하여 조음위치 찾기)
- 직접적인 조음자 외에도 해당 조음위치에 대한 지각적 단서를 제공하는 Air PROMPT를 지도하고 연습
  - ▶ 조음자를 찾은 후에도 목표단어를 산출하는 동안 조음자의 위치에 조음기관(예: 혀)을 위치하지 못하는 경우는 산출하는 동안 Air PROMPT의 지각적 단서 제공

❸ 그림카드를 한 장씩 제시하면 아동은 단어의 이름을 산출

- 목표단어당 연속해서 5회 정조음 산출할 때까지 반복 연습
  - * 연속 5회 정조음 산출이 성공하면, 7초 이내에 해결할 수 있는 강화제(예: 고래밥 1알 또는 젠가 한 개 빼기) 제공
- 시각적으로 달성과정이 확인되는 칸 그림판(부록에 제시)을 활용하여 ★칸에서 출발하여 정확한 발음으로 산출하면 한 칸씩 앞으로 이동, 틀린 발음으로 산출하면 ★칸으로 이동
- 칸 그림판 사용 예시(목표단어: 고무신)
  - ▶ 고무신 그림카드를 칸 그림판 상단에 배치하고, 아동이 산출할 때마다 칸 그림판 위에서 움직이는 말을 준비하여 이동시킴
  - ▶ 칸 그림판의 마지막 칸에는 강화제를 배치

★	1	2	3	4	5	 → 강화제

★ 단계 연습 체크리스트 (아동의 반응 표시)							
	×	×	○	○	×	○	○
	○	○	○				
	○	○	×	○	○	○	○
	○						
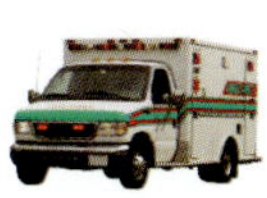	○	○	○	○	○		

복습하기

- 직전 수업시간에 연속 5회 정조음 산출한 목표단어들로 복습
- 새로운 목표단어 산출연습 시작 전에 복습하기

❶ 그림카드들을 한 장씩 제시하면 아동은 목표단어의 이름을 정반응으로 각 1회씩 산출하기

> ➔ 정반응 카드는 칸 그림판의 강화제 칸에 올려놓기
>
> ➔ 오반응 카드는 칸 그림판 ★ 칸에 올려놓기

❷ 오반응 카드들은 1장씩 연속 3회 정확한 발음으로 산출될 때까지 연습하기(부록의 칸 그림판 활용)

❸ 오반응 카드들까지 연속 3회 정확한 발음이 산출되어 복습이 끝나면, 약속한 강화제(7초 내에 해결할 수 있는 강화제) 주기

주의사항

※ 5~11단계 상위음운 과제와 동시 진행할 때, 상위음운 과제를 연속적으로 성공하는 확률이 높아지면, 연속 3회기 동안 단어 수준에서 목표음의 정조음 비율이 80% 이상 달성될 때까지 ★단계(산출연습)을 집중적으로 실시

※ 5~11단계 상위음운 과제를 모두 달성하지 않았는데, ★단계(산출연습) 모든 목표음의 정조음 비율이 80% 이상 달성한 경우, 7~11단계 상위음운 연습과 12단계 문장산출연습을 동시 진행

- 목표단어를 정확한 발음으로 연속하여 5회 반복 산출하는 것이 효과적이므로, 목표한 각 단어를 반복하여 산출할 수 있도록 당일 연습할 각 단어당 연속 5회 이상 반복 연습
  예) 목표단어: '가지, 개미, 구두, 김치, 거미, 그네'인 경우,
  '가지'부터 '가지, 가지, 가지, 가지, 가지' 연속 5회 정반응 되도록 산출연습

- 만약, 아동이 5회 반복하는 동안 '다디, 가지, 다디, 가지, 가지'로 산출했을 때, 마지막 연속 2회만 정조음 산출하였으므로, 이어서 3회 연속하도록 추가 연습할 것

- 아동이 연속 산출하는 동안 정확히 발음한 횟수와 상관없이 연속 5회기 동안 정조음을 산출할 때까지 반복 연습

* 단, 초기 연습 회기에는 아동이 힘들어 할 수 있으므로 정조음이 연속 3회기 산출되는 동안 반복 연습

사용 예시 영상
우측의 QR 코드 사용

★단계 (산출연습) CHECK LIST

아 동 명:________________ **생년월일:**________________ **S L P:**________________

연습 날짜		목표음		위치	어두초성	어중초성
					어말종성	어중종성

※ 색깔 네모 칸에 목표단어 그림을 붙이세요.
※ 아래 작은 네모 칸에 정·오 반응을 표시하세요.

비고								

예시

★단계 (산출연습) CHECK LIST

아 동 명: 김○○ 생년월일: 2018. 01. 01. S L P: 고○○

연습 날짜	2024. 05. 04.	목표음	/ㅅ/	위치	어두초성 [circled]	어중초성
					어말종성	어중종성

※ 색깔 네모 칸에 목표단어 그림을 붙이세요.
※ 아래 작은 네모 칸에 정·오 반응을 표시하세요.

	×	○	×	○	○	○	○	○
	×	×	×	○	○	×	○	○
	○	○	○					
	×	×	○	○	×	×	×	○
	○	○	○	○				
	×	×	×	○	○	○		
	×	×	×	○	○	×	○	×
	○	○	○	○	○			
	×	×	○	○	×	×	×	○
	○	×	○	○	○	○	○	
	×	×	○	○	○	○	○	
비고	Air PROMPT 활용했을 때 정반응 산출							

양순파열음 /ㅂ/

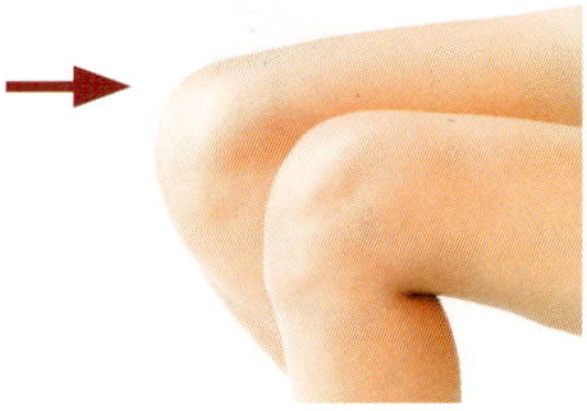

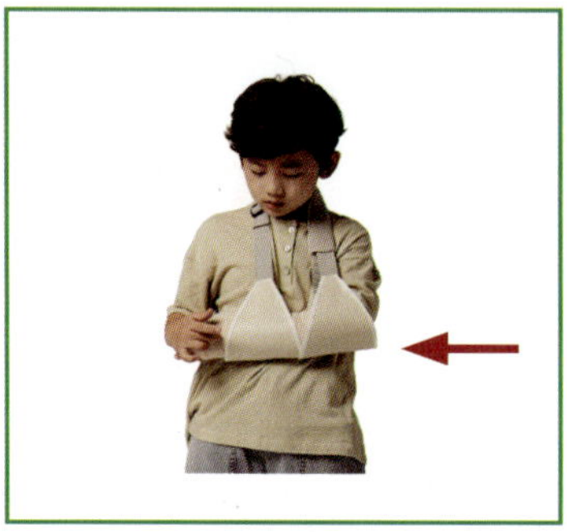

양순파열음 /ㅃ/

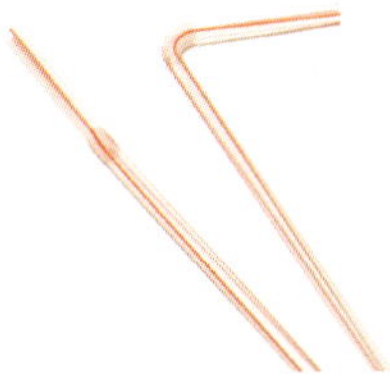

양순파열음 /ㅍ/

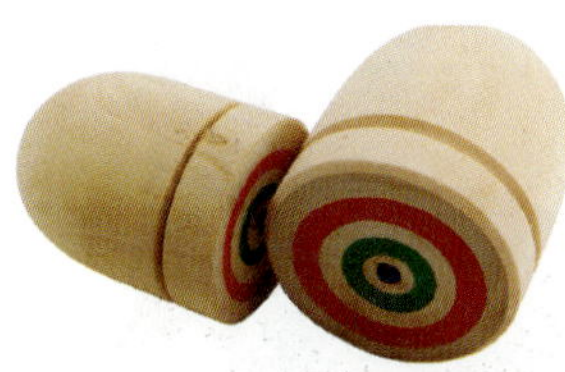

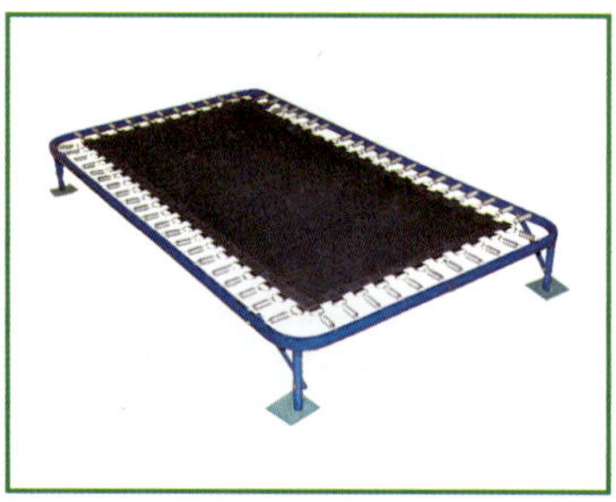

치경파열음 /ㄷ/

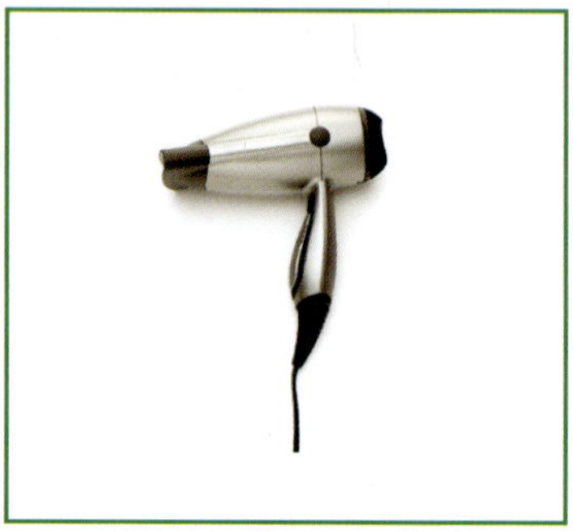

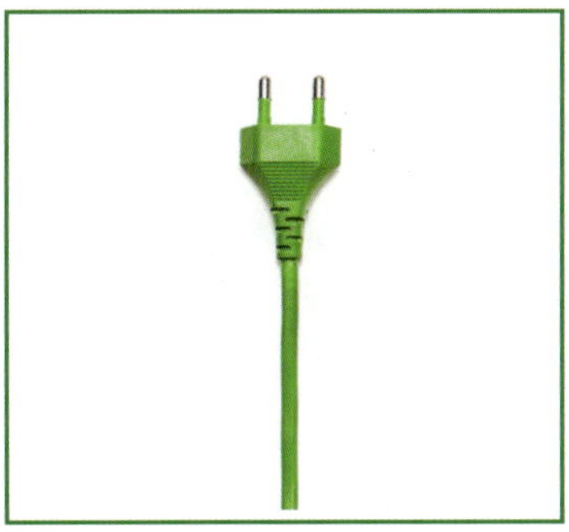

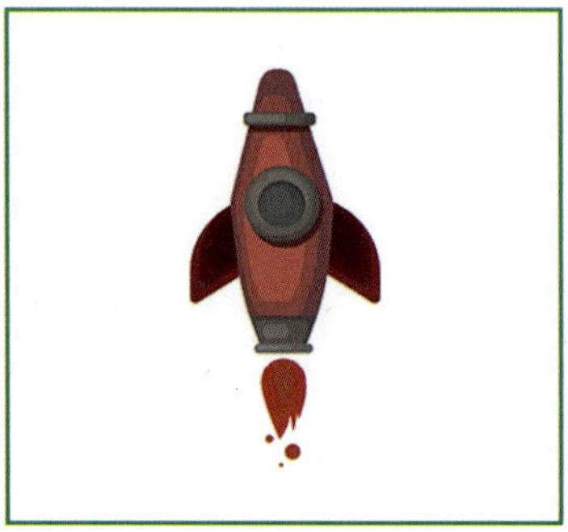

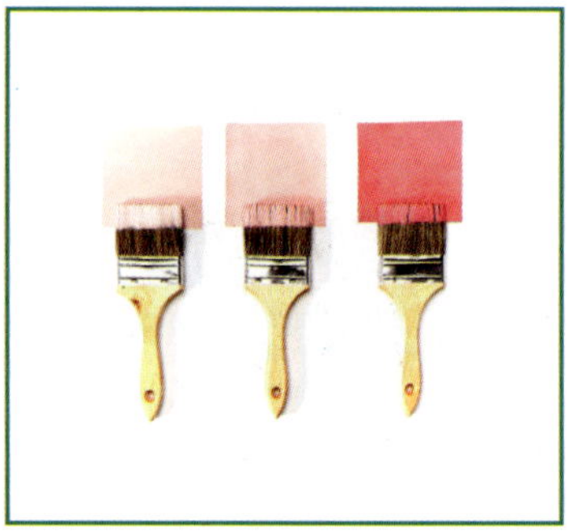

치경파열음 /ㄸ/

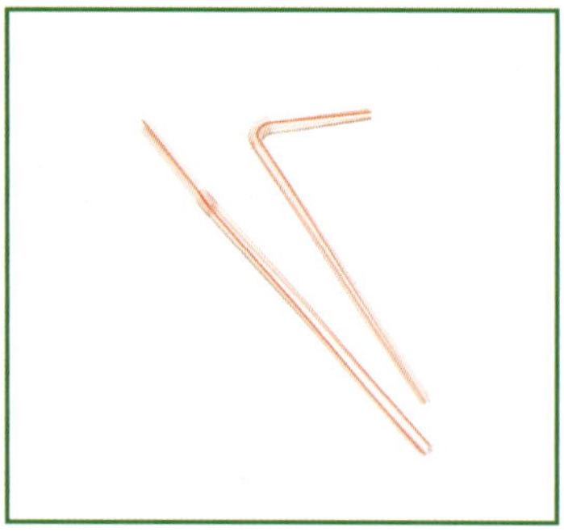

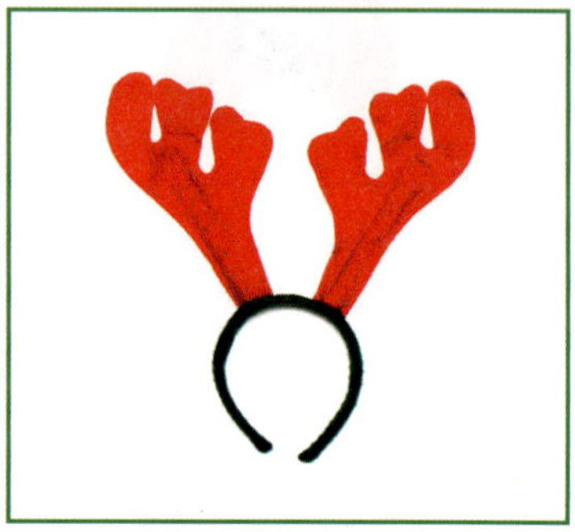

치경파열음 /ㅌ/

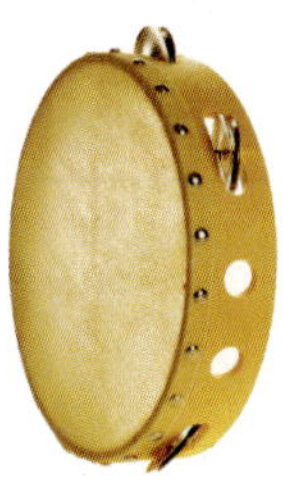

연구개파열음 /ㄱ/

짹짹

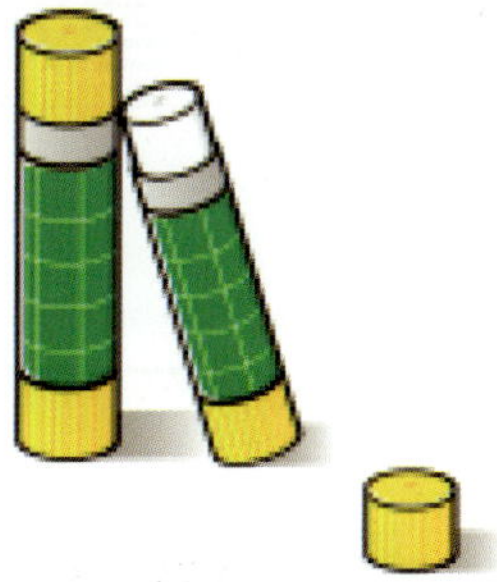

삐약 삐약

연구개파열음 /ㄲ/

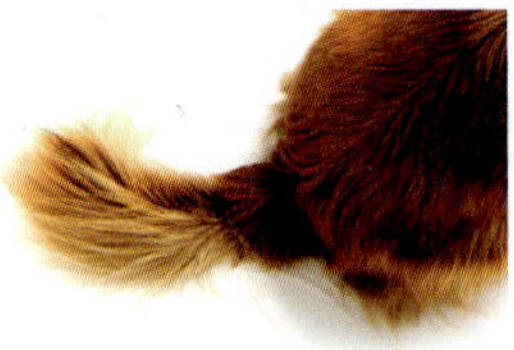

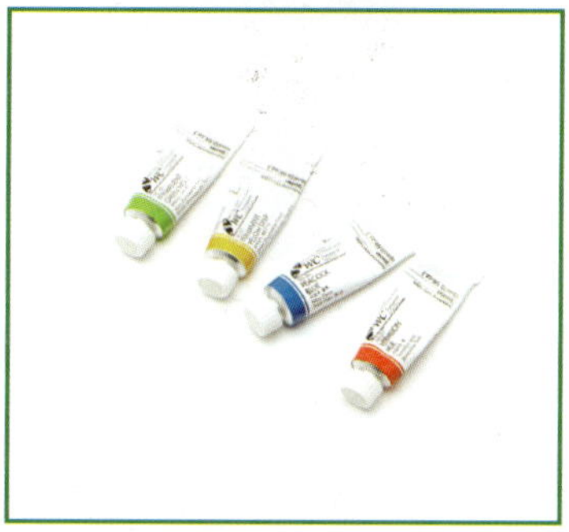

연구개파열음 /ㅋ/

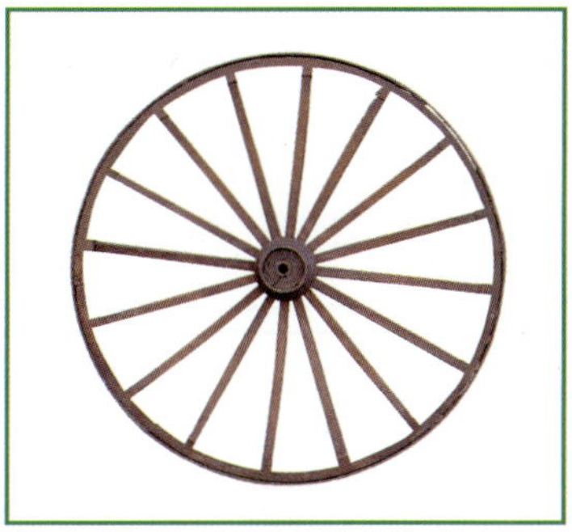

양순비음 /ㅁ/

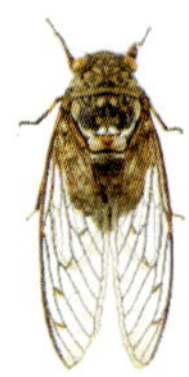

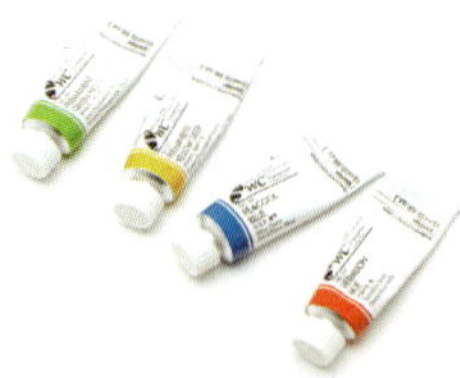

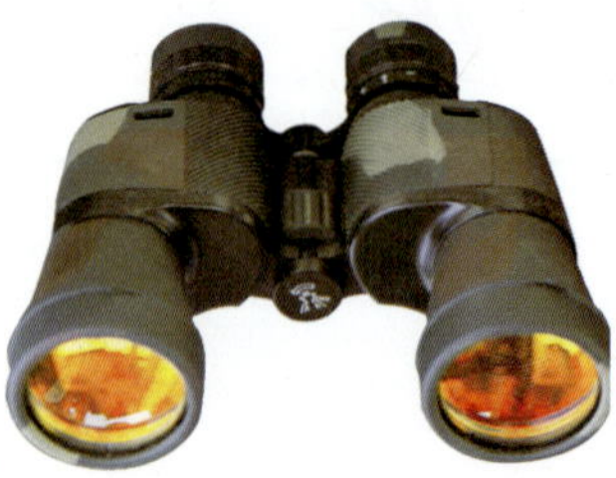

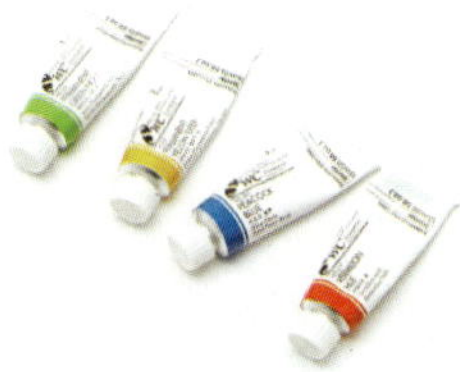

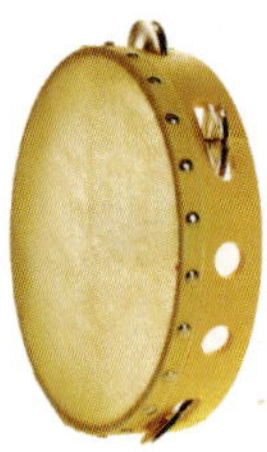

치경비음 /ㄴ/

연구개비음 /ㅇ/

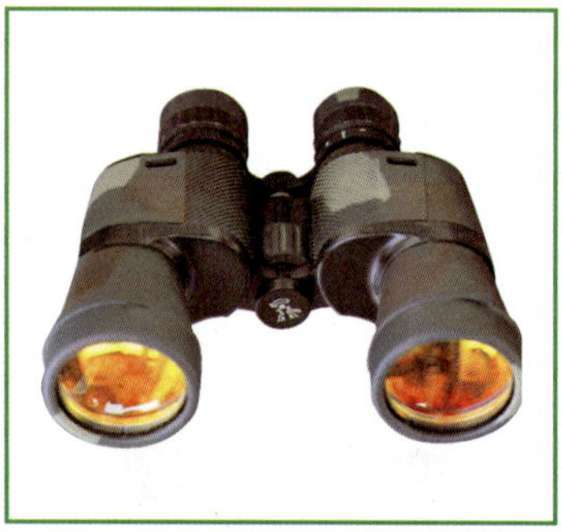

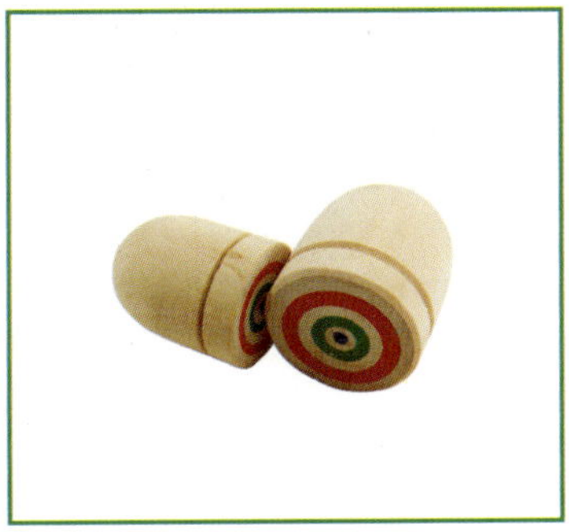

유음 /ㄹ/

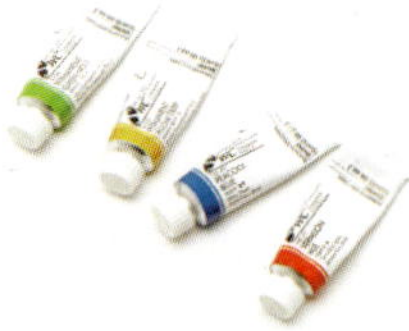
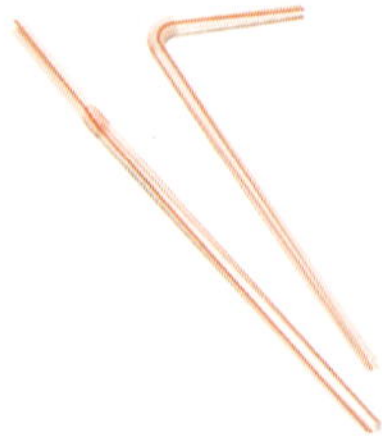

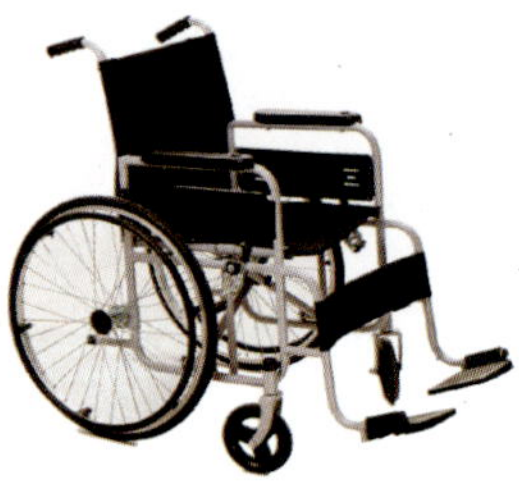

1
JANUARY
2
FEBRUARY

치경마찰음 /ㅅ/

치경마찰음 /ㅆ/

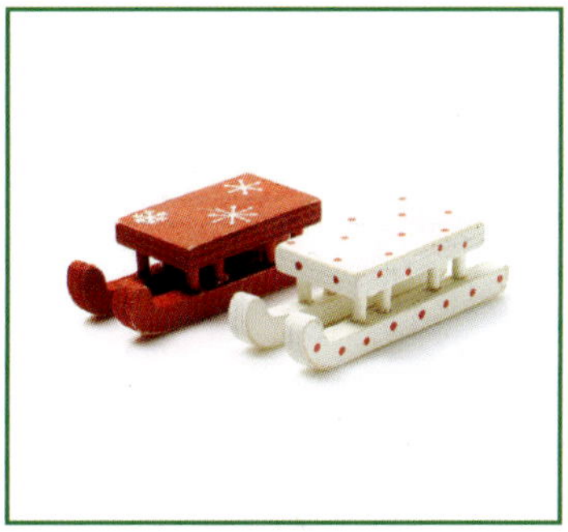

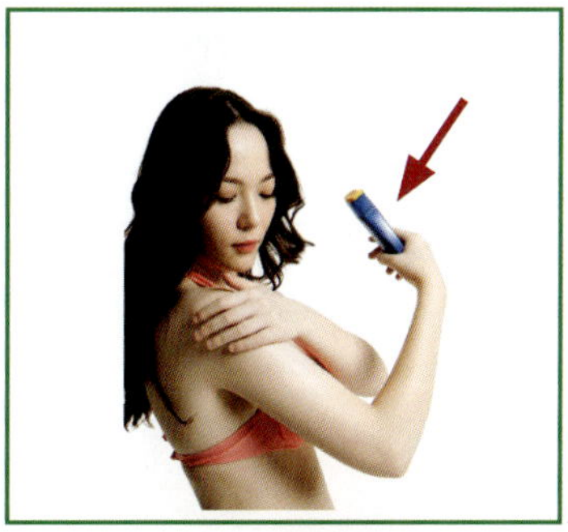

TAXI

경구개파찰음 /ㅈ/

1A
우유
1A
우유

경구개파찰음 /ㅉ/

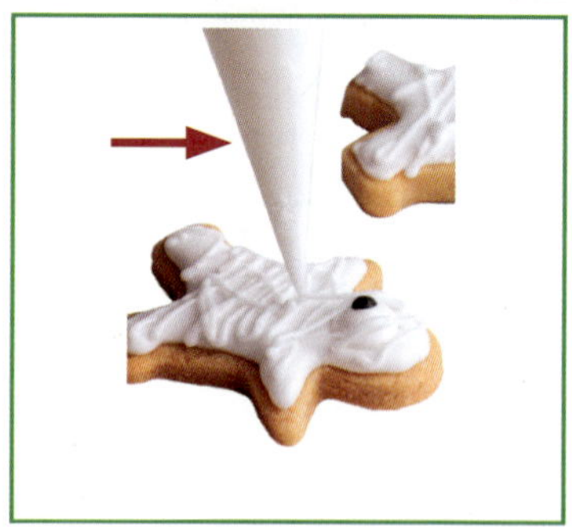

경구개파찰음 /ㅊ/

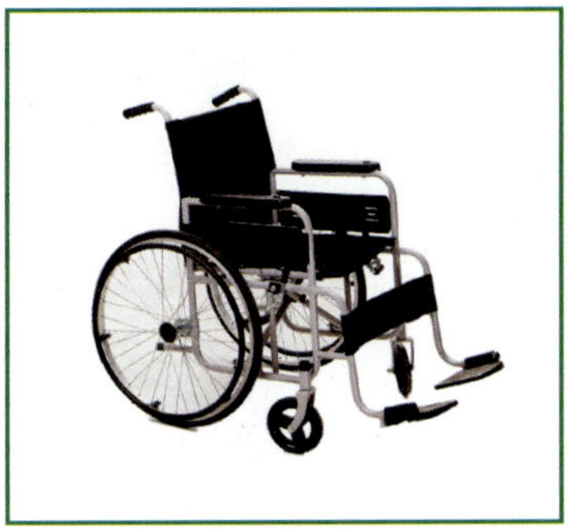

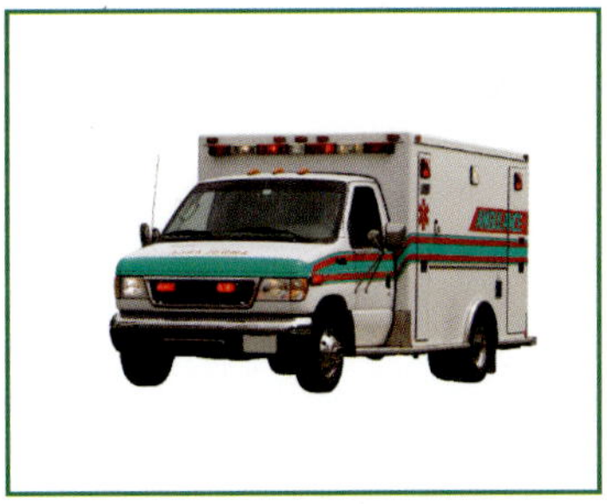

5단계 음소탐지 연습 III (시·청각적 위치탐지)

활동 소개

- 두 개의 목표 대조음이 포함된 단어 그림의 목표음 위치를 말소리를 듣고 변별하여 분류
- 연습 전 '시작(처음), 가운데, 마지막, 끝' 등 아동이 위치 어휘를 알고 있는 지 확인하고, 필요한 경우 위치 어휘 습득 선행

활동 주제

- 목표 말소리를 듣고 두 개의 목표 대조음이 포함된 단어 그림들 중 회기 내 목표음이 포함된 단어 그림을 정확히 탐지하기
- 목표 말소리를 듣고 두 개의 목표 대조음이 포함된 단어 그림들 중 회기 내 목표음이 포함된 단어 그림의 목표음 위치를 정확히 변별하기

활동 대상

- 4단계 달성기준을 달성한 아동
- ★단계(산출단계)의 초기 집중 훈련을 통해 감각자극 제공 시 목표음의 정조음 산출이 가능한 아동(★단계와 같은 회기에 동시 연습)

활동 목표

- 두 개의 목표 대조음이 포함된 단어 그림들 중에서 들려주는 말소리의 위치(어두, 어중)에 목표음이 포함된 그림을 찾아내기
  - ▶ 목표로 선택한 두 개의 대조음(예: /ㄴ/, /ㄹ/)이 포함된 단어 그림들을 보고 치료사가 요구한 위치(예: 어두초성)의 음소(예: /ㄴ/)가 포함된 단어를 찾아내기

※ 2단계(시각적 위치탐지), 4단계(청각적 위치탐지) 활동과 차이

➔ 2, 4단계 모두 목표 음소 1개가 포함된 단어 그림만 제시하고, 각 음소별 목표 음소 위치만 확인

➔ 5단계는 두 개의 목표 대조음이 포함된 단어 그림을 동시에 제시하고, 들려주는 목표 음소의 위치를 확인

활동 절차

❶ **목표음이 포함된 그림카드 그림들을 낱개로 잘라서 준비**

❷ **단어 그림들을 펼친 후에 아동이 순서를 예측할 수 없게 그림 섞기**

<단어 그림 목록 예시> 나비, 냉면, 나초, 냄비, 라면, 레몬, 리본, 라켓

❸ **그 다음에 아동에게 그림을 찾아 달라고 요청하기**

예시)

- 어두초성에 위치한 목표음 찾기

\- 치료사: "/ㄹ/로 시작하는 그림을 찾아 주세요."

➔ 아동이 '레몬' 그림을 찾아오면, "맞았어. 레몬은 /ㄹ/로 시작해. 만약 레몬이 /ㄴ/처럼 소리가 나면 '네몬'이 되는 거야."

➔ 그런데 만약 아동이 목표 대조음이 포함된 카드(예: '나비')를 가져오면, "나비는 /ㄴ/로 시작해. 다시 /ㄹ/로 시작하는 그림을 찾아 주세요."라고 말하여 아동이 목표음으로 시작되는 그림을 찾을 수 있도록 제시함.

➔ 어두초성의 단어 그림을 찾았으면, 다음에는 어중초성의 단어 찾기

➔ 치료사: "다음으로는 /ㄹ/가 가운데 있는 그림을 찾아 주세요."하고 요청

➔ 어말종성의 단어 찾기: "다음으로는 /ㄹ/(을)소리로 끝나는 그림 또는 /ㄹ/(을)소리가 마지막에 있는 그림을 찾아 주세요."

▪ 과제 제시 순서

❶ **2개의 목표 대조음이 어두초성에 위치한 단어 그림**

예) 나비, 냉면, 냄비, 나초, 레고, 리본, 라켓, 라디오

➔ 목표음으로 시작하는 단어 그림을 찾아 달라고 요청하기

❷ **2개의 목표 대조음이 어중초성에 위치한 단어 그림**

예) 그네, 선생님, 도넛, 비누, 트럭, 꼬리, 메론, 소라

➔ 목표음이 가운데 있는 단어 그림을 찾아 달라고 요청하기

❸ **2개의 목표 대조음이 어두초성에 위치한 단어 그림과 어중초성에 위치한 단어 그림**

예) 농구공, 낙타, 피아노, 바나나, 레슬링, 레미콘, 마카롱, 오리

➔ 목표음으로 시작하는 단어 그림 또는 목표음이 가운데 있는 단어 그림 찾아 달라고 요청하기

❹ **2개의 목표 대조음이 어말종성에 위치한 단어 그림**

예) 치킨, 당근, 라면, 고무신, 감귤, 입술, 딱풀, 색연필

➔ 목표음으로 끝나는(또는 마지막에 있는) 단어 그림을 찾아 달라고 요청하기

❺ **2개의 목표 대조음이 어중종성에 위치한 단어 그림**

예) 전구, 진주, 판다, 안전모, 물컵, 달팽이, 열쇠, 빨대

➔ 목표음이 가운데 있는 단어 그림을 찾아 달라고 요청하기

❻ 2개의 목표 대조음이 어말종성에 위치한 단어 그림과 어중종성에 위치한 단어 그림

예) 나침반, 지구본, 계란찜, 생선구이, 칫솔, 와플, 코뿔소, 휠체어

➔ 목표음으로 끝나는(또는 마지막에 있는) 단어 그림 또는 목표음이 가운데 있는 단어 그림을 찾아 달라고 요청하기

▶ 달성기준: 한 번에 8장의 단어를 나열하고 요청했을 때, 연속 2세트 동안 90% 이상 정반응 시 다음 단계로 이동

주의사항

- 두 개의 목표 대조음(예: /ㄴ/, /ㄹ/)이 포함된 단어를 요청할 때, 목표 대조음이 포함된 그림의 요청 순서는 무작위로 제시
- 들려주는 목표음은 1개의 단어 당 최대 3회 들려 주어 찾도록 요청
- 목표음을 3회 들려주어도 못 들었다고 하거나, 찾지 못 할 때는 오반응으로 표시
- 목표음을 들려줄 때, 초성위치의 목표음[예: /ㄴ/(느), /ㄹ/(르)]과 종성위치의 목표음[예: /ㄴ/(은), /ㄹ/(을)]에 적절한 말소리로 들려주기
- '과제 제시 순서'의 ❸번과 ❻번 과제를 제시할 때, ❸번 과제의 경우는 앞의 ❶번, ❷번의 단어 그림과 다른 그림을 제시하고, ❻번 과제의 경우는 ❹번, ❺번의 단어 그림과 다른 그림을 제시할 것
  ▶ 이유: 앞의 과제들에서 이미 연습이 된 단어로 ❸번과 ❻번 과제에서 연습할 경우, 선행학습을 통한 반복 연습 효과 발생
- 그림을 제시할 때 그림을 무작위로 선정하여 제시하고, 반복 연습을 통한 학습을 방지하기 위해 목표단어 외에도 목표음이 포함된 다른 그림들도 무작위로 제시

사용 예시 영상	
우측의 QR 코드 사용	

음소탐지 연습Ⅲ(시·청각적 위치탐지) CHECK LIST

아 동 명:________________ 생년월일:________________ S L P:________________

※ 아래 작은 네모 칸에 8장의 단어 그림의 정 · 오 반응을 표시하세요.

	위치		①	②	③	④	⑤	⑥	⑦	⑧
날짜 (　　) 목표음 (　　)	어두초성 어두초성	1s								
		2s								
	어중초성 어중초성	1s								
		2s								
	어두+어중 어두+어중	1s								
		2s								
	어말종성 어말종성	1s								
		2s								
	어중종성 어중종성	1s								
		2s								
	어말+어중 어말+어중	1s								
		2s								
	위치		①	②	③	④	⑤	⑥	⑦	⑧
날짜 (　　) 목표음 (　　)	어두초성 어두초성	1s								
		2s								
	어중초성 어중초성	1s								
		2s								
	어두+어중 어두+어중	1s								
		2s								
	어말종성 어말종성	1s								
		2s								
	어중종성 어중종성	1s								
		2s								
	어말+어중 어말+어중	1s								
		2s								

비고	

음소탐지 연습Ⅲ(시·청각적 위치탐지) CHECK LIST 예시

아 동 명: 김○○ **생년월일:** 2018. 01. 01. **S L P:** 고○○

※ 아래 작은 네모 칸에 8장의 단어 그림의 정 · 오 반응을 표시하세요.

	위치		①	②	③	④	⑤	⑥	⑦	⑧
날짜 (5/4) 목표음 (/ㄴ/)	어두초성	1s	+	+	+	+	+	−	+	+
	어두초성	2s	+	+	+	+	+	+	+	+
	어중초성	1s	+	+	+	+	+	+	−	−
	어중초성	2s	+	+	+	+	+	+	+	−
	어두+어중	1s								
	어두+어중	2s								
	어말종성	1s								
	어말종성	2s								
	어중종성	1s								
	어중종성	2s								
	어말+어중	1s								
	어말+어중	2s								
	위치		①	②	③	④	⑤	⑥	⑦	⑧
날짜 (5/7) 목표음 (/ㄴ/)	어두초성	1s								
	어두초성	2s								
	어중초성	1s	+	+	+	+	+	+	+	+
	어중초성	2s	+	+	+	+	+	+	+	+
	어두+어중	1s	+	+	+	+	−	−	+	+
	어두+어중	2s	+	+	+	+	+	+	+	+
	어말종성	1s								
	어말종성	2s								
	어중종성	1s								
	어중종성	2s								
	어말+어중	1s								
	어말+어중	2s								
비고	- 어두초성의 위치에서 5/4에 연속 1,2세트 동안 90% 이상 달성 - 어중초성의 위치에서는 5/4에 90% 달성하지 못하여, 5/7에 추가 연습 시 90% 달성									

6단계 음소분리 연습 I(청각적 음소분리)

활동 소개

- 제시되는 시각적 단서에 따라 목표음이 포함된 단어의 자음과 모음을 분절하여 소리내기
- 자음과 모음으로 분절된 단어의 개별 말소리를 파악하고 목표음과 같은 말소리의 위치를 파악하여 동일한 조건의 단어 확인하기

활동 주제

- 제시하는 단어를 머릿속으로 분절하는 단계를 거쳐 목표단어의 음절수, 자모관계, 자-모 음소 수 파악하기
- 분절한 단어의 목표음과 동일한 위치에 말소리를 제공하는 단어 확인하기

활동 대상

- 5단계 달성기준을 달성한 아동
- 쓰기과제 수행을 위한 음운인식 연습이 필요한 아동

활동 목표

- 제시한 단어를 자음과 모음으로 분리하여 목표음의 위치를 확인하기
  - ▶ 시각적 단서(자음과 모음을 분리할 수 있는 칸 그림판)를 제시했을 때 제시한 단어를 자음과 모음으로 분리해서 소리내기

※ 5단계(시·청각적 위치탐지) 활동과 차이

➔ 5단계는 두 개의 목표 대조음이 포함된 단어 그림을 동시에 제시하여 들려주는 목표 음소의 위치를 확인

➔ 6단계는 목표 음소의 위치 확인뿐만 아니라, 단어 전체의 음소를 분절할 수 있으며, 동일한 위치에 목표음을 포함한 다른 단어를 머릿속으로 분절하여 찾을 수 있음

활동 절차

❶ 목표음이 포함된 그림카드 그림들을 낱개로 잘라서 준비

➔ 한 번에 8장의 그림카드를 나열하고 그림카드의 하단에는 칸 그림판을 준비

❷ 8장의 그림카드를 수행하기 전에 연습으로 다른 그림의 카드를 보여 주며 음소로 분절하는 방법을 알려 주기(두 세트 중 1세트에서만 제시)

예) '리어카'그림을 보여 주며, "이것의 이름은 /ㄹㅣ어ㅋㅏ/(르이어크아)입니다."라고 말함과 동시에 칸 그림판 위에 캐릭터 말을 음소당 한 칸씩 이동시키며 시각적 단서 제공하기

➔ 이러한 과정을 통해 아동에게 과제 수행 방법을 알려 주기

❸ 그 다음에 아동에게 준비한 8장의 카드 중 한 장을 제시하며 그림의 이름을 분절하여 말하도록 하며 음소를 산출할 때마다 칸 그림판 위 말을 이동시키도록 요청하기

➔ 아래의 사진처럼 8장의 그림을 아동이 보이는 앞에 나열하기

➔ 예) '레몬'을 분절할 경우 아래의 그림판 순서대로 분절하여 말하면서 이동하도록 요청하기

ㄹ	ㅔ	ㅁ	ㅗ	ㄴ		

➔ 왼쪽부터 오른쪽으로 말을 한 칸씩 이동하며 분절하여 말하기

④ ③번 과제를 수행한 이후에 제시한 8장의 그림 중 ③번 그림과 같은 조건의 그림카드를 찾도록 요청하기

예) "레몬과 같은 소리로 시작하는 그림을 모두 찾으세요."

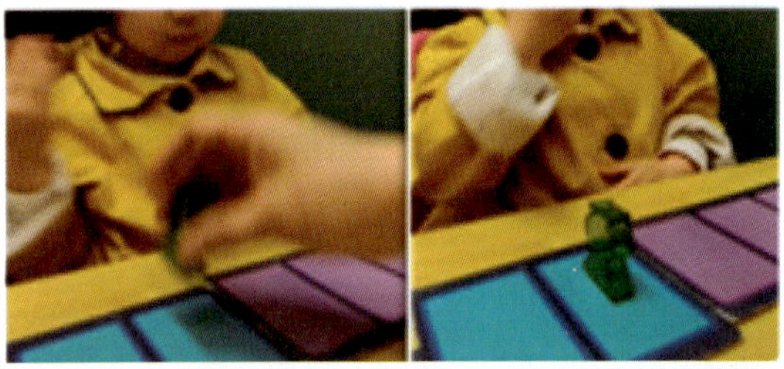

➔ 아동이 고른 그림의 이름을 분절하여 말하면서 칸을 이동하고 이동을 마무리한 그림이 요청한 그림이 맞다면 치료사에게 건네주기

⑤ ④번을 수행할 때 제시한 그림들 중 같은 조건의 소리(예: 같은 소리로 시작하는 그림)를 찾은 후에 칸을 이동하는 동안 자신이 말한 목표음의 위치를 기억해내지 못하는 경우

➔ 아동이 분절하여 말하면서 칸을 이동하는 동안 목표 음소라고 판단된 칸에 부착용 도형 그림(I 단계 과제의 목표 음소와 동일한 도형 그림)을 붙여 표시해 두게 하기

➔ 부착용 도형 그림을 붙이는 과정 동안 해당 과제를 3번 연속 정확히 수행하면 다음에는 부착용 그림 없이 다음 과제를 수행하도록 하기

※ 예) 목표음이 /ㄹ/인 경우, /라켓/ 그림을 분절할 때 붙이는 부착용 도형 그림 위치

※ 예) 목표음이 /ㄹ/인 경우, /코뿔소/ 그림을 분절할 때 붙이는 부착용 도형 그림 위치

▪ 과제 제시 순서

❶ 2개의 목표 대조음이 어두초성에 위치한 단어 그림

목표단어 예) 나비, 냉면, 냄비, 나초, 레고, 리본, 라켓, 라디오

- 두 개의 대조음이 /ㄴ/, /ㄹ/인 경우 /ㄴ/ 또는 /ㄹ/가 어두초성에 위치한 단어 그림을 제시
- '나비'를 분절하여 말하도록 하고(ㄴ ㅏ ㅂ ㅣ) '나비'와 첫소리(ㄴ)가 같은 단어 그림을 찾아 달라고 요청하기

❷ 2개의 목표 대조음이 어중초성에 위치한 단어 그림

목표단어 예) 그네, 선생님, 도넛, 비누, 트럭, 꼬리, 메론, 소라

- 두 개의 대조음이 /ㄴ/, /ㄹ/인 경우 /ㄴ/ 또는 /ㄹ/가 어중초성에 위치한 단어 그림을 제시
- '그네'를 분절하여 말하도록 하고(ㄱ ㅡ ㄴ ㅔ) 가운데 소리(ㄴ)가 같은 단어 그림을 찾아 달라고 요청하기

❸ 두 개의 대조음 중에서 하나의 목표음이 어두초성에 위치한 단어 그림과 어중초성에 위치한 단어 그림

▶ 대조음이 아닌, 하나의 목표음으로 연습

목표단어 예) 농구공, 낙타, 피아노, 바나나, 냉장고, 할머니, 눈사람, 꽃바구니

- ➔ 앞에서 연습한 두 개의 대조음(예: /ㄴ/, /ㄹ/) 중에서 목표음 하나(예: /ㄴ/)를 선택한 후, 선택한 목표음이 어두초성 또는 어중초성에 위치한 단어 그림을 제시
- ➔ '농구공'을 분절하여 말하도록 하고(ㄴ ㅗ ㅇ ㄱ ㅜ ㄱ ㅗ ㅇ) '농구공'과 첫소리(ㄴ)가 같은 단어 그림을 찾아 달라고 요청하기
- ➔ '피아노'를 분절하여 말하도록 하고(ㅍ ㅣ ㅏ ㄴ ㅗ) '피아노'와 가운데 소리(ㄴ)가 같은 단어 그림을 찾아 달라고 요청하기

❹ 2개의 목표 대조음이 어말종성에 위치한 단어 그림

목표단어 예) 치킨, 당근, 라면, 고무신, 감귤, 입술, 딱풀, 색연필

- ➔ 두 개의 대조음이 /ㄴ/, /ㄹ/인 경우 /ㄴ/ 또는 /ㄹ/가 어말초성에 위치한 단어 그림을 제시
- ➔ '치킨'을 분절하여 말하도록 하고(ㅊ ㅣ ㅋ ㅣ ㄴ) '치킨'과 끝나는 소리(ㄴ)가 같은 단어 그림을 찾아 달라고 요청하기

❺ 2개의 목표 대조음이 어중종성에 위치한 단어 그림

❻ 두 개의 대조음 중에서 하나의 목표음이 어말종성에 위치한 단어 그림과 어중종성에 위치한 단어 그림

- ▶ 대조음이 아닌, 하나의 목표음으로 연습
- ▶ 달성기준: 한 번에 8장의 단어를 나열하고 요청했을 때, 연속 2세트 동안 90% 이상 정반응 시 다음 단계로 이동

주의사항

- 두 개의 목표 대조음(예: /ㄴ/, /ㄹ/)이 포함된 단어를 요청할 때, 목표 대조음이 포함된 그림의 요청 순서는 무작위로 제시
- 아동이 처음에 분절한 그림과 같은 조건의 그림을 찾는 과정에서 아동이 처음에 틀린 그림을 고르더라도 이후에 맞는 그림인지 확인하기 위해 스스로 분절하는 동안 틀린 그림이라는 것을 인지하고 정정하여 다시 맞는 그림을 선택할 경우는 정반응으로 인정

  예) '레몬'과 같은 소리로 시작하는 그림을 찾아 달라고 요청했을 때, '바나나'를 골랐다가

칸 그림판에서 분절하는 과정에서 "아! 틀렸다."라고 말한 뒤 '바나나' 그림을 내려놓고 '라켓' 그림을 선택하여 다시 분절한 후 "라켓이 레몬하고 같은 소리로 시작해요."라고 말하며 건네주면 정반응으로 인정

- 아동에게 목표음을 들려줄 때, 초성위치 목표음(예: /ㄴ/(느), /ㄹ/(르))과 종성위치 목표음(예: /ㄴ/(은), /ㄹ/(을)/에 적절한 말소리로 들려주기
- '과제 제시 순서'의 ❸번과 ❻번 과제를 제시할 때, ❸번 과제의 경우는 앞의 ❶번, ❷번의 단어 그림과 다른 그림을 제시하고, ❻번 과제의 경우는 ❹번, ❺번의 단어 그림과 다른 그림을 제시할 것
  ▶ 이유: 앞의 과제들에서 이미 연습이 된 단어로 ❸번과 ❻번 과제에서 연습할 경우, 선행학습을 통한 반복 연습 효과 발생

사용 예시 영상	(QR 코드)
우측의 QR 코드 사용	

음소분리 연습 I (청각적 음소분리) CHECK LIST

아 동 명:________________ 생년월일:________________ S L P:________________

※ '연습'란에 과제 시작 전 연습 문항을 제시한 횟수 기록

※ 아래 네모 칸에 정·오 반응 표시(부착용 도형 그림을 붙인 경우는 ★아래 표시)

	위치		연습	★	①	②	③	④
날짜 ( ) 목표음 ( )	어두초성 어두초성	1s						
		2s						
	어중초성 어중초성	1s						
		2s						
	어두+어중 어두+어중	1s						
		2s						
	어말종성 어말종성	1s						
		2s						
	어중종성 어중종성	1s						
		2s						
	어말+어중 어말+어중	1s						
		2s						

	위치		연습	★	①	②	③	④
날짜 ( ) 목표음 ( )	어두초성 어두초성	1s						
		2s						
	어중초성 어중초성	1s						
		2s						
	어두+어중 어두+어중	1s						
		2s						
	어말종성 어말종성	1s						
		2s						
	어중종성 어중종성	1s						
		2s						
	어말+어중 어말+어중	1s						
		2s						

비고	

예시

음소분리 연습 I (청각적 음소분리) CHECK LIST

아 동 명: 김○○ **생년월일:** 2018. 01. 01. **S L P:** 고○○

※ '연습'란에 과제 시작 전 연습 문항을 제시한 횟수 기록

※ 아래 네모 칸에 정·오 반응 표시(부착용 도형 그림을 붙인 경우는 ★아래 표시)

	위치		연습	★	①	②	③	④
날짜 (5/4) 목표음 (/ㄴ/)	어두초성	1s	3	○	+	+	-	+
	어두초성	2s			+	+	+	+
	어중초성	1s	2	○	+	+	+	-
	어중초성	2s			+	+	+	+
	어두+어중	1s						
	어두+어중	2s						
	어말종성	1s						
	어말종성	2s						
	어중종성	1s						
	어중종성	2s						
	어말+어중	1s						
	어말+어중	2s						

	위치		연습	★	①	②	③	④
날짜 (5/7) 목표음 (/ㄹ/)	어두초성	1s	4	○	+	-	-	+
	어두초성	2s			+	+	+	+
	어중초성	1s	3	-	+	+	+	+
	어중초성	2s			+	+	+	+
	어두+어중	1s						
	어두+어중	2s						
	어말종성	1s						
	어말종성	2s						
	어중종성	1s						
	어중종성	2s						
	어말+어중	1s						
	어말+어중	2s						

비고	
	- 목표음/ㄴ/: 초성위치에서 연속 1, 2세트 동안 8회 중 7회 정반응 - 목표음/ㄹ/: 어두초성위치에서 연속 1, 2세트 동안 8회 중 6회 정반응하여 다음 회기에 연습 예정, 어중초성의 위치에서는 100% 달성

7단계 음소탐지 연습 IV (오류음 감지)

활동 소개

- 아동과 치료사(또는 부모)의 역할을 바꾸어 치료사가 목표단어를 틀리게 산출하는 동안 아동이 오류음을 감지하고 수정하기
- 치료사(또는 부모)가 산출연습에서 아동이 자주 틀리는 발음을 간헐적으로 동일한 형태로 틀리게 발음하면 아동이 감지하고 정확한 발음으로 수정

활동 주제

- 변별연습: 목표단어의 정확한 발음 형태를 파악하여 다른 사람이 산출하는 발음의 오류 또는 정확한 발음을 변별하기
- 산출연습: 변별연습 단계에서 치료사(또는 부모)가 정·오 반응 보인 모든 목표단어를 아동이 정확한 발음으로 수정하기

활동 대상

- 6단계 달성기준을 달성한 아동
- 산출연습을 통해 목표단어를 80% 이상 정확히 발음할 수 있는 아동

활동 목표

- 단어에 포함된 목표음을 정확히 듣고 변별, 단어 내 목표음의 위치를 파악
- 틀린 발음을 확인하고 수정 전략을 통해 정확히 산출하기

활동 절차

❶ 아동에게 선생님과 아동 역할을 바꾸어서 수업하는 내용 전달하기

➔ 호칭: 아동은 치료사에게 같이 정한 이름으로 부르기(예: 땡땡님)

치료사는 아동에게 '선생님'하고 부르기

❷ 아동이 목표단어의 그림카드를 치료사에게 한 장씩 보여 주기

❸ 치료사는 보여 주는 카드 중 무작위로 반 정도의 카드를 아동이 틀리게 발음하는 형태 또는 목표음의 대조음으로 틀리게 산출하기

❹ 변별연습

➔ 치료사가 발음대로 정확하게 산출하면 아동은 '통과', 틀리게 산출하면 '땡' 소리 반응하기

❺ 산출연습

➔ 변별연습에서 치료사가 틀린 단어를 아동이 다시 정확히 산출하게 하기

➔ 치료사는 아동이 산출한 목표음을 따라서 말하기, 이때 아동이 목표음을 정확한 발음으로 산출하지 않더라도 치료사는 아동이 산출한 그대로 따라 말하기

➔ 이때 아동이 자신이 틀린 발음을 자각하지 못하면, 치료사는 아동에게 되물어서 아동 스스로가 환기할 수 있도록 하기

예) 아동이 '레몬'을 '네몬'이라고 모델링해 준다면 치료사는 그대로 "네몬."이라고 따라 말한 후, "선생님! 이거 '네몬'이 맞나요?"라고 되묻기

➔ 대부분의 아이들은 자신의 틀린 발음을 인지하여 자발적으로 수정 전략을 사용하지만, 만약 수정 전략을 사용하지 못하는 아동에게는 "이거 '레몬' 아니에요?" 하고 추가 질문 시도

- 과제 제시 순서(5단계, 6단계 순서와 동일)

❶ 2개의 목표 대조음이 어두초성에 위치한 단어 그림

❷ 2개의 목표 대조음이 어중초성에 위치한 단어 그림

❸ 목표음이 어두초성에 위치한 그림과 어중초성에 위치한 그림

▶ 대조음이 아닌, 목표음별 따로 제시

❹ 2개의 목표 대조음이 어말종성에 위치한 단어 그림

❺ 2개의 목표 대조음이 어중종성에 위치한 단어 그림

❻ 목표음이 어말종성에 위치한 그림과 어중종성에 위치한 그림

▶ 대조음이 아닌, 목표음별 따로 제시

※ ③과 ⑥은 어두초성에 위치한 그림과 어중초성에 위치한 그림 2개를 대조시키는 것이 아니라, 각각의 목표음을 따로 제시

달성기준

❶ 변별연습

- ➔ 치료사가 정·오 반응을 보인 모든 목표단어를 정확히 변별
- ➔ 한 세트 당 8장을 카드를 제시하고, 아동이 한 세트(8장)을 제시했을 때 정·오 반응을 모두 변별했다면 달성한 것으로 간주
- ➔ 만약 세트 내에서 아동이 모두 변별해내지 못했다면, 세트 추가하여 연습

❷ 산출연습

- ➔ 아동이 정확한 모델링을 80% 이상 제시할 수 있으면 다음 단계로 이동
- ➔ 만약 세트 내에서 아동이 80% 이상 정확한 발음으로 산출하여 수정해주지 못했다면, 세트 추가하여 연습

주의사항

- 두 개의 목표 대조음(예: /ㄴ/, /ㄹ/)이 포함된 단어를 제시할 때, 목표 대조음이 포함된 그림의 요청 순서는 무작위로 제시
- 아동이 변별과제와 산출과제를 달성기준에 따라 수행하지 못하여 세트를 추가하여 연습하는 경우, 앞의 세트들과 다른 단어 그림을 제시

예를 들어, 첫 번째 세트에서 '나비, 낙지, 냉면, 냄비, 라면, 레몬, 레고, 리본' 단어 그림을 사용했다면, 두 번째 세트는 '낙타, 농부, 남매, 농구공, 라켓, 로켓, 로봇, 레미콘'과 같이 첫 번째 세트와 다른 단어 그림을 제시

▶ 이유: 앞의 과제들에서 이미 연습이 된 단어로 연습할 경우, 선행학습을 통한 반복 연습 효과 발생

▪ CHECK LIST에 아동과 치료사가 정·오 반응을 직접 표시할 수 있도록 제시

▶ 노란색 칸: 아동이 치료사 반응 표시

▶ 흰색 칸: 치료사가 아동 반응 표시, 치료사가 표시하는 칸은 세트 추가 연습을 고려하여 두 칸으로 구분

사용 예시 영상
우측의 QR 코드 사용

음소탐지 연습Ⅳ(오류음 감지) CHECK LIST

아 동 명:________________ 생년월일:________________ S L P:________________

연습 날짜		목표음		위치	어두초성	어중초성
					어말종성	어중종성

※ 색깔 네모 칸에 목표단어 그림을 붙이세요.
※ 아래 작은 네모 칸에 정·오 반응을 표시하세요.

목표 그림	변별연습			목표그림	변별연습		
	아동	1st	2st		아동	1st	2st
비고							

음소탐지 연습Ⅳ(오류음 감지) CHECK LIST

예시

아 동 명: 김○○ 생년월일: 2018. 01. 01. S L P: 고○○

연습 날짜	2024. 05. 04.	목표음	/ㅅ/	위치	어두초성	어중초성
					어말종성	어중종성

※ 색깔 네모 칸에 목표단어 그림을 붙이세요.
※ 아래 작은 네모 칸에 정·오 반응을 표시하세요.

목표그림	변별연습			목표그림	변별연습		
	아동	1st	2st		아동	1st	2st
	○	○	○		○	○	○
	○	×	×		○	×	×
	○	×	×		○	×	×
	○	○	○		○	○	○
	○	○	○		○	○	○
	○	○	×		○	○	×
	○	×	○		○	×	○
	○	○	○		○	○	○
비고							

8단계 음소분리 연습 II

활동 소개

- 청각적 단서만으로 음소를 분리하기
- 청각적 단서만으로 음소분리가 어려운 아동은 도형 그림을 사용하여 음소분리 연습 선행하기

활동 대상

- 7단계 기준을 달성한 아동
- 쓰기 활동 전 음운인식 연습이 필요한 아동

활동 목표

- 산출하는 말소리의 자음과 모음을 명확히 구분하고 개별 소리의 단어 내 위치 파악
- 목표음을 포함하여 단어에 포함된 자음과 모음의 개별 소리에 따라 정확한 발음하기

연습 순서

- 연습 순서: 초성 음소분리 → 종성 음소분리

활동 절차

- 초성 음소분리

❶ 초성 음소분리 예시 두 가지 알려 주기

▶ 예) 치료사: "라면 소리내볼까?"
아동: (정확한 발음으로)"라면."
치료사: "그렇지. 라면은 /ㄹ/(르) 소리로 시작하지?
(도형 ★ 그림을 보여 주며) 라면의 첫 번째 소리는 /ㄹ/야."
아동: "네."
치료사: "그럼 하나만 더 해 보자. 이제 레몬 소리내볼까?"
아동: "레몬."
치료사: "그렇지 레몬도 /ㄹ/(르) 소리로 시작하지?
(도형 ★ 그림을 보여 주며) 레몬의 첫 번째 소리는 /ㄹ/야."

❷ 그림카드를 제시하지 않고, 청각적 단서만으로 초성 음소를 분리하도록 제시하기

▶ 예) "이제 나한테 레고의 첫 번째 소리를 말해 줘."

▶ ❶번에서 두 가지 예시를 알려줬음에도 이번 과제에서 아동이 실패하거나 과제를 이해하지 못하면 분리된 그림을 보여 주면서 실시

➔ 분리된 그림 중 목표음에 해당되는 그림은 다른 그림과 5cm 정도 간격으로 떨어트려 놓으며 과제 제시

➔ 목표음은 1단계에서 사용한 도형을 사용하고 나머지 자음/모음은 동그라미 도형을 사용

➔ 모음 인식을 별도로 실시하는 아동을 제외하고 이중모음도 하나의 도형만 사용(목표음에 집중해야 하는 아동의 혼동을 줄이기 위해)

➔ 치료사가 과제 제시를 위한 음운 산출 시 모든 자음과 모음을 분리하여 산출

➔ 예) 레고 /ㄹ ㅔ ㄱ ㅗ/

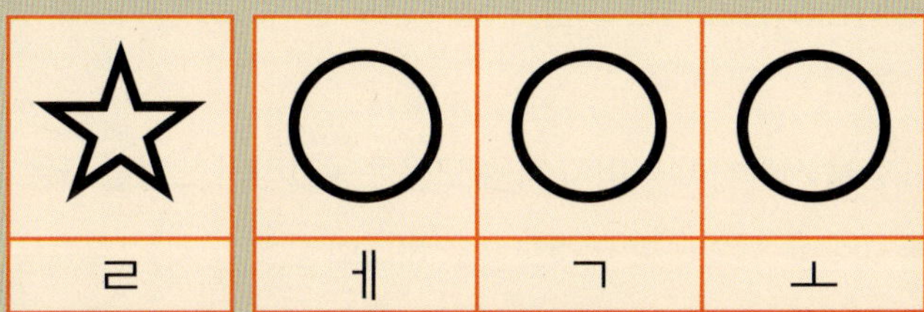

➔ 예) 냉면 /ㄴ ㅐ ㅇ ㅁ ㅕ ㄴ/의 목표음이 어중초성/ㅁ/인 경우

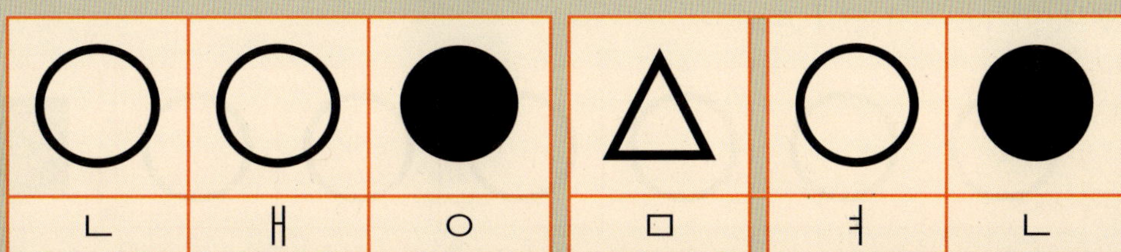

➔ 아동이 분리하지 않고도 과제 수행이 가능해지면 음운 산출 시 분리하지 않고 '레고'로 산출

▪ 종성 음소분리

❶ 종성 음소분리 예시 두 가지 알려 주기

➔ 발음을 제시할 때 종성 발음 소리로 제시

➔ /ㄱ/(윽), /ㄴ/(은), /ㄷ/(읃), /ㄹ/(을), /ㅁ/(음), /ㅂ/(읍), /ㅇ/(응)

➔ 예) 치료사: "와플 소리내볼까?"

아동: (정확한 발음으로)"와플."

치료사: "그렇지. 와플은 /ㄹ/(을) 소리로 끝나지?

(도형★ 그림을 보여 주며) 와플의 마지막 소리는 /ㄹ/(을)이야."

아동: "네."

❷ 그림카드를 제시하지 않고, 청각적 단서만으로 종성 음소를 분리하도록 제시하기

➔ 예) 치료사: 이제 "나에게 마카롱의 끝나는 소리를 알려 줘."

➔ ①번에서 두 가지 예시를 알려줬음에도 이번 과제에서 아동이 실패하거나 과제를 이해하지 못하면 분리된 그림을 보여 주면서 실시

➔ 분리된 그림 중 목표음에 해당되는 그림은 다른 그림과 5cm 정도 간격으로 떨어트려 놓으며 과제 제시

➔ 목표음은 1단계에서 사용한 도형을 사용하고 나머지 자음/모음은 동그라미 도형을 사용

➔ 모음 인식을 별도로 실시하는 아동을 제외하고 이중모음도 하나의 도형만 사용(목표음에 집중해야 하는 아동의 혼동을 줄이기 위해)

➔ 치료사가 과제 제시를 위한 음운 산출 시 모든 자음과 모음을 분리하여 산출

➔ 예) 마카롱 /ㅁ ㅏ ㅋ ㅏ ㄹ ㅗ ㅇ/

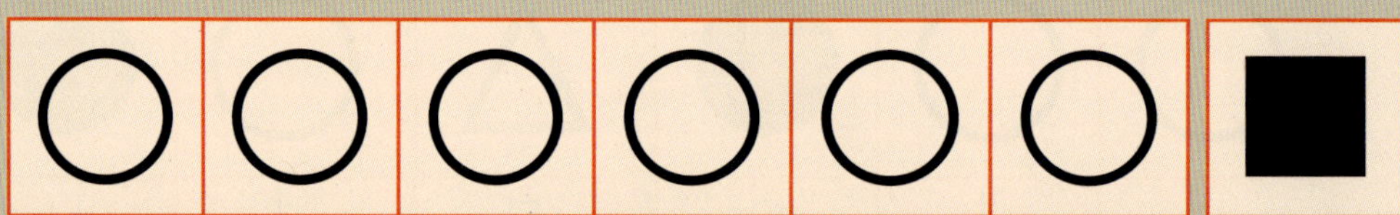

➔ 아동이 분리하지 않고도 과제 수행이 가능해지면 음운 산출 시 분리하지 않고 '마카롱'으로 산출

달성기준

❶ 그림 자료를 사용하여 연속 8회 동안 정반응을 보이면

➔ 그림 자료 없이 청각적 단서만으로 음소분리 연습

❷ 청각적 단서만으로 음소분리 연습 시

➔ 목표 자음 위치별 연속 8회 동안 정반응 보이면 다음 단계로 이동

사용 예시 영상
우측의 QR 코드 사용

음소분리 연습(초성) II CHECK LIST

아 동 명:________________ 생년월일:________________ S L P:________________

연습 날짜		목표음		위치	어두초성	어중초성
					어말종성	어중종성

※ 아래 작은 네모 칸에 정·오 반응을 표시하세요.

도형 사용 음소분리								
청지각적 음소분리								
비고								

연습 날짜		목표음		위치	어두초성	어중초성
					어말종성	어중종성

※ 아래 작은 네모 칸에 정·오 반응을 표시하세요.

2개 소리 변별								
3개 소리 변별								
비고								

음소분리 연습(초성) II 도형

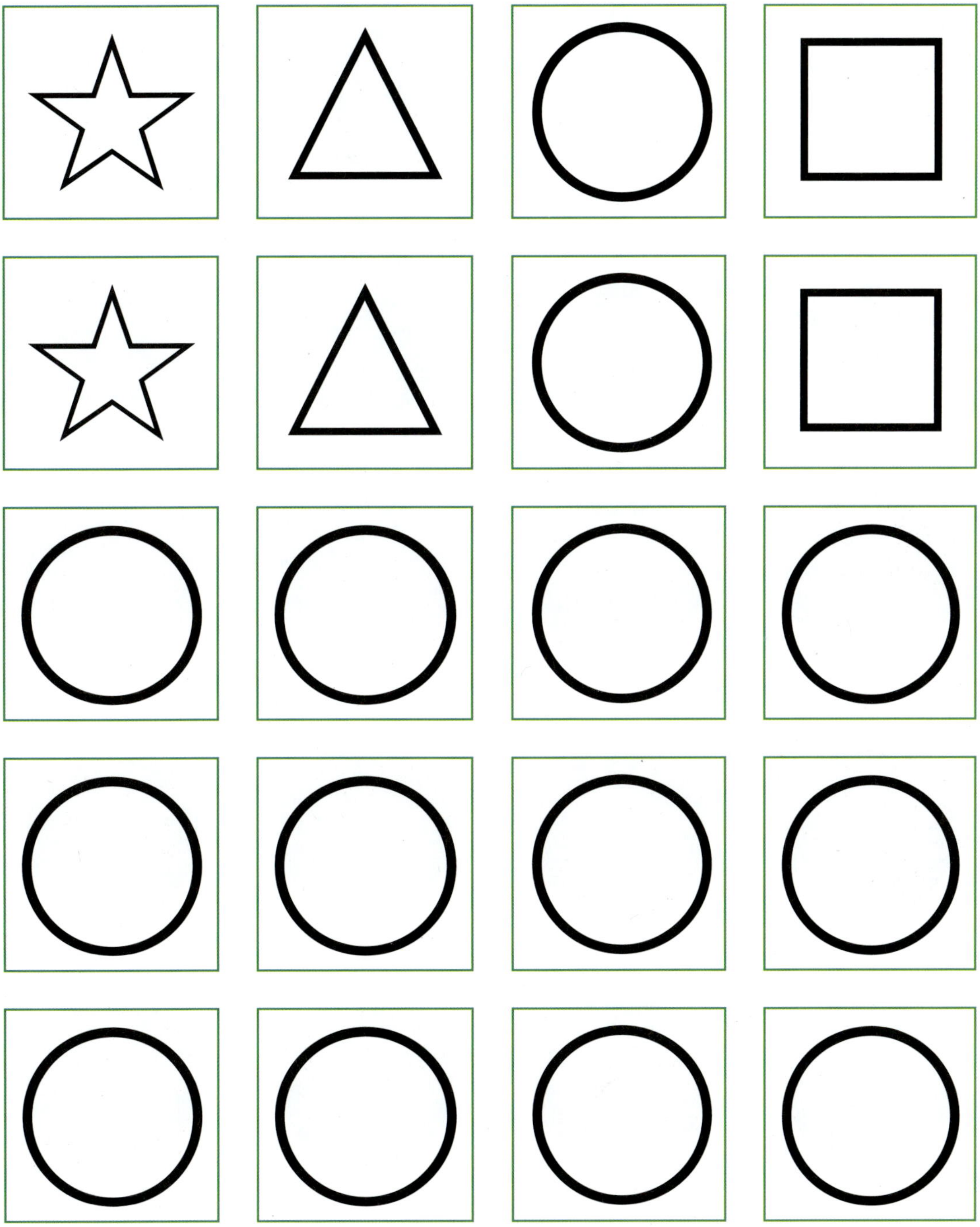

음소분리 연습(종성) II 도형

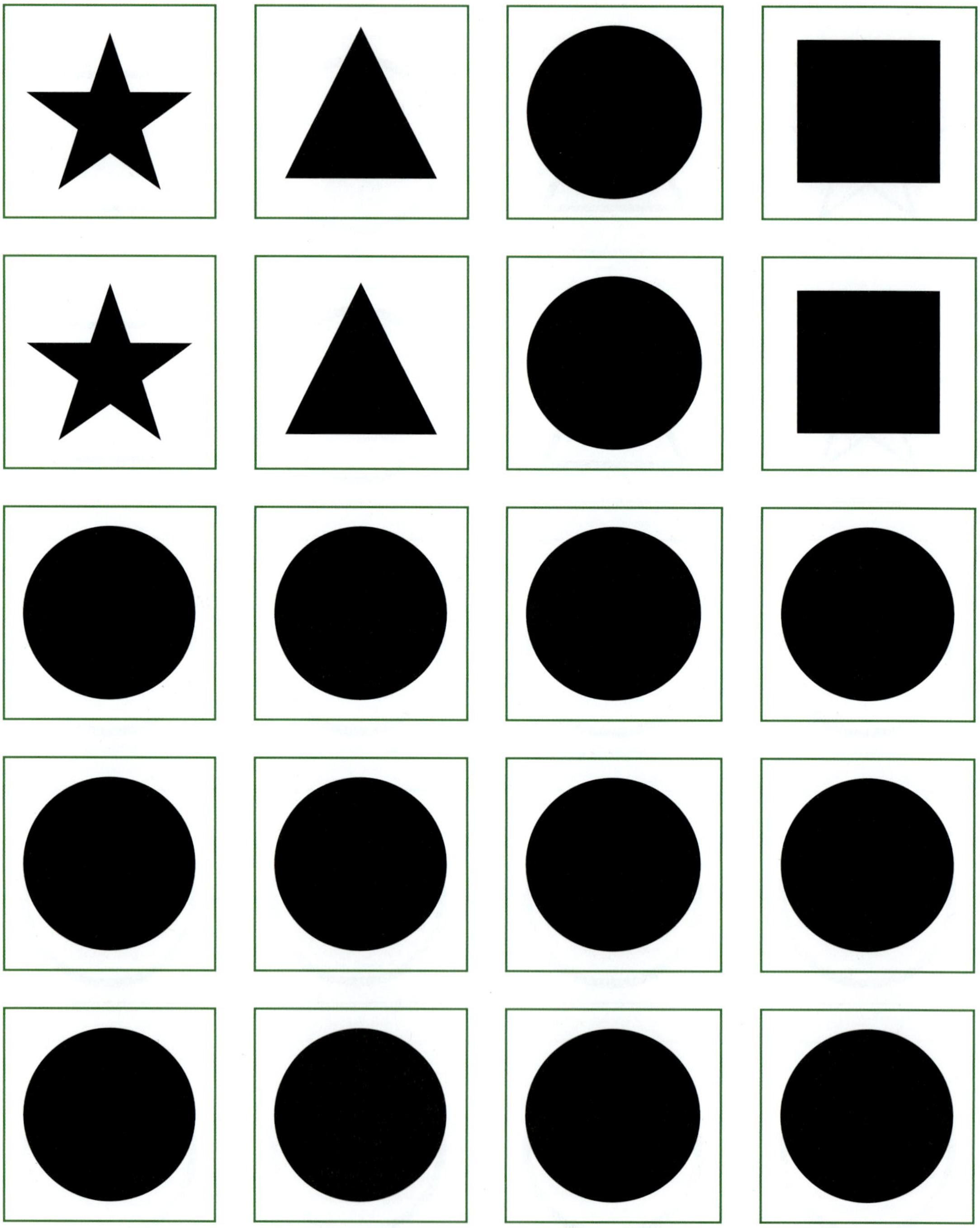

9단계 음소대치 연습

활동 소개

- 음운인식 연습 중 어려운 고급 단계로 읽기·쓰기 지도가 아닌 발음 산출만을 위한 연습 목표를 할 때는 생략할 수 있는 단계

※ 음소대치 연습은 음운인식 연습 과제에서 필수 과제는 아님

- 나이가 어린 아동, 지적능력이 낮은 아동은 생략할 수 있는 단계

➔ 8단계까지 달성이 되면 9~11단계 건너뛰고 12단계 연습

활동 대상

- 8단계 기준을 달성한 아동
- 학령 직전기 또는 학령기 아동에게 적절

활동 목표

- 자신 또는 상대방이 산출하는 말소리의 자음과 모음을 명확히 구분하고 개별 소리의 단어 내 위치를 파악하기
- 청각적 단서만으로 단어 내의 목표음을 대조음(비슷한 다른 소리)으로 바꾸도록 요청했을 때, 목표음과 대조음을 구분하여 목표음 자리에 대조음 소리를 포함하여 단어 말하기

연습 순서

- 연습 순서: 초성 음소대치 → 종성 음소대치

활동 절차

- 초성 음소대치

❶ 음소대치 예시 두 가지 알려 주기

➔ 예) 치료사: "라면의 첫 번째 소리는 뭐지?"

아동: (정확한 발음으로) "/ㄹ/(르)."

치료사: "그렇지? 라면의 첫 번째 소리는 /ㄹ/(르)야."

치료사: "라면의 /ㄹ/(르) 소리를 (8단계의 도형 △ 그림을 보여 주며) /ㄴ/(느) 소리로 바꾸면 나면이 되는 거야."

아동: "나면!"

치료사: "그렇지. 레몬도 /ㄹ/(르) 소리로 시작하지?

아동: "네."

치료사: "레몬의 /ㄹ/(르) 소리를 (도형 △ 그림을 보여 주며) /ㄴ/(느) 소리로 바꾸면 네몬이 되는 거야."

❷ 그림카드를 제시하지 않고, 청각적 단서만으로 목표음을 대조음으로 대치하여 말하도록 요청하기

➔ 예) 치료사: "레고의 /ㄹ/ 소리를 /ㄴ/로 바꾸면 무슨 소리가 될까?"

➔ ❶번에서 두 가지 예시를 그림을 보여 주면서 알려줬음에도 아동이 실패하거나 과제를 이해하지 못하면, 도형 그림을 보여 주면서 실시

➔ 도형 그림을 보여 주면서 연습했을 때 10회 중 8회 이상 정반응을 나타내면 그림 없이 청각적 단서만으로 목표음을 대조음으로 대치하여 말하도록 요청하기

달성기준

❶ 그림 자료를 사용하여 연속 8회 동안 정반응을 보이면

➔ 그림 자료 없이 청각적 단서만으로 음소대치 연습

❷ 청각적 단서만으로 음소대치 연습 시

➔ 목표 자음 위치별 연속 8회 동안 정반응 보이면 다음 단계로 이동

사용 예시 영상
우측의 QR 코드 사용

음소대치 연습 CHECK LIST

아 동 명:________________ **생년월일:**________________ **S L P:**________________

연습 날짜		목표음 /대조음		위치	어두초성	어중초성
					어말종성	어중종성

※ 아래 작은 네모 칸에 정·오 반응을 표시하세요.

도형 사용 음소대치								
청지각적 음소대치								
비고								

연습 날짜		목표음 /대조음		위치	어두초성	어중초성
					어말종성	어중종성

※ 아래 작은 네모 칸에 정·오 반응을 표시하세요.

도형 사용 음소대치								
청지각적 음소대치								
비고								

10단계 음소탐지 연습 V(속삭이는 소리로 연습)

활동 소개

- (속삭이듯 작은 소리로 들려주었을 때)두 개의 목표 대조음이 포함된 단어 그림의 목표음 위치를 말소리를 듣고 변별하여 분류하기
- 5단계와 같은 시청각적 음소탐지 연습을 속삭이는 목소리로 제시

활동 주제

- (속삭이듯 작은 목소리로 말하는) 목표음을 듣고 두 개의 목표 대조음이 포함된 단어 그림 중 회기 내 목표음이 포함된 단어 그림을 정확히 탐지하기
- (속삭이듯 작은 목소리로 말하는) 목표 말소리를 듣고 두 개의 목표 대조음이 포함된 단어 그림 중 회기 내 목표음이 포함된 단어 그림의 목표음 위치를 정확히 변별하기

※ 10단계 연습은 음운인식 연습 과제에서 필수 과제는 아님

- 나이가 어린 아동, 지적능력이 낮은 아동은 생략할 수 있는 단계

➔ 8단계까지 달성이 되면 9~11단계 건너뛰고 12단계 연습

활동 대상

- 9단계 기준을 달성한 아동
- 청각적 주의력이 부족한 아동에게 적절

활동 목표

- 두 개의 목표 대조음이 포함된 단어 그림 중에서 속삭이듯 작은 목소리로 들려주는 말소리의 위치(어두, 어중)에 목표음이 포함된 그림을 찾아내기
  - ▶ 목표로 선택한 두 개의 대조음(예: /ㄴ/, /ㄹ/)이 포함된 단어 그림들을 보고 치료사가 요구한 위치(예: 어두초성)의 음소(예: /ㄴ/)가 포함된 단어를 찾아내기

활동 절차

❶ 목표음이 포함된 그림카드 그림들을 낱개로 잘라서 준비

❷ 단어 그림들을 펼친 후에 아동이 순서를 예측할 수 없게 그림 섞기

❸ 아동에게 속삭이듯 작은 목소리로 단어 그림을 찾아 달라고 요청하기

예시)

- 어두초성에 위치한 목표음 찾기

➔ 치료사: "지금부터 선생님이 작은 목소리로 그림을 찾아 달라고 할게요. 잘 듣고 선생님이 달라고 말하는 그림을 찾아 주세요. 그리고 한 번만 들려줄 거예요. 한 번에 잘 듣고 잘 찾아 주세요."

➔ 치료사: (속삭이듯 작은 목소리로) "/ㄹ/로 시작하는 그림을 찾아 주세요."

➔ 아동이 '레몬' 그림을 찾아오면, 치료사는 "맞았어. 레몬은 /ㄹ/로 시작해. 만약 레몬이 /ㄴ/처럼 소리가 나면 '네몬'이 되는 거야."

➔ 그런데 만약 아동이 목표 대조음이 포함된 카드(예: '나비')를 가져오면, "나비는 /ㄴ/로 시작해. 다시 /ㄹ/로 시작하는 그림을 찾아 주세요."라고 말하여 아동이 목표음으로 시작되는 그림을 찾을 수 있도록 제시함.

➔ 어두초성의 단어를 찾았으면, 다음에는 어중초성의 단어 찾기

➔ 치료사: "다음으로는 /ㄹ/가 가운데 있는 단어를 찾아 주세요."하고 요청

➔ 어말종성의 단어 찾기: "다음으로는 /ㄹ/(을)소리로 끝나는 단어 또는 /ㄹ/(을)소리가 마지막에 있는 단어 찾아 주세요."

- 과제 제시 순서(5단계 순서와 동일)

❶ **2개의 목표 대조음이 어두초성에 위치한 단어 그림**

예) 나비, 냉면, 냄비, 나초, 레고, 리본, 라켓, 라디오

➔ 목표음으로 시작하는 단어 그림을 찾아 달라고 요청하기

❷ **2개의 목표 대조음이 어중초성에 위치한 단어 그림**

예) 그네, 선생님, 도넛, 비누, 트럭, 꼬리, 메론, 소라

➔ 목표음이 가운데(또는 두 번째/세 번째) 있는 단어 찾아 달라고 요청하기

❸ 2개의 목표 대조음이 어두초성에 위치한 단어 그림과 어중초성에 위치한 단어 그림

예) 농구공, 낙타, 피아노, 바나나, 레슬링, 레미콘, 마카롱, 오리

➔ 목표음으로 시작하는 단어 또는 목표음이 가운데(또는 두 번째/세 번째) 있는 단어 찾아 달라고 요청하기

❹ 2개의 목표 대조음이 어말종성에 위치한 단어 그림

예) 치킨, 당근, 라면, 고무신, 감귤, 입술, 딱풀, 색연필

➔ 목표음으로 끝나는(또는 마지막에 있는) 단어 그림을 찾아 달라고 요청하기

❺ 2개의 목표 대조음이 어중종성에 위치한 단어 그림

예) 전구, 진주, 판다, 안전모, 물컵, 달팽이, 열쇠, 빨대

➔ 목표음이 가운데 있는 단어 그림을 찾아 달라고 요청하기

❻ 2개의 목표 대조음이 어말종성에 위치한 단어 그림과 어중종성에 위치한 단어 그림

예) 나침반, 지구본, 계란찜, 생선구이, 칫솔, 와플, 코뿔소, 휠체어

➔ 목표음으로 끝나는(또는 마지막에 있는) 단어 또는 목표음이 가운데 있는 단어 찾아 달라고 요청하기

▶ 달성기준: 한 번에 8장의 단어를 나열하고 요청했을 때, 연속 2세트 동안 90% 이상 정반응 시 다음 단계로 이동

주의사항

- 두 개의 목표 대조음(예: /ㄴ/, /ㄹ/)이 포함된 단어를 요청할 때, 목표 대조음이 포함된 그림의 요청 순서는 무작위로 제시
- <u>들려주는 목표음은 1개의 단어 당 1회만 들려주어 찾도록 요청</u>
- 목표음을 1회 들려주어도 못 들었다고 하거나, 다시 말해 달라고 요청해도 한 번씩만 제시하고 틀리더라도 다음 단어로 넘어감
- 목표음을 들려줄 때, 초성위치의 목표음[예: /ㄴ/(느), /ㄹ/(르)]과 종성위치의 목표음[예: /ㄴ/(은), /ㄹ/(을)]에 적절한 말소리로 들려주기
- '과제 제시 순서'의 ❸번과 ❻번 과제를 제시할 때, ❸번 과제의 경우는 앞의 ❶번, ❷번의 단어 그림과 다른 그림을 제시하고, ❻번 과제의 경우는 ❹번, ❺번의 단어 그림과 다른 그림을 제시할 것
  - ▶ 이유: 앞의 과제들에서 이미 연습이 된 단어로 ❸번과 ❻번 과제에서 연습할 경우, 선행학습을 통한 반복 연습 효과 발생
- 그림을 제시할 때 그림을 무작위로 선정하여 제시하고, 반복 연습을 통한 학습을 방지하기 위해 목표단어 외에도 목표음이 포함된 다른 그림들도 무작위로 제시

사용 예시 영상	
우측의 QR 코드 사용	

음소탐지 연습 V (속삭이는 소리로 연습) CHECK LIST

아 동 명:________________ 생년월일:________________ S L P:________________

※ 아래 작은 네모 칸에 8장의 단어 그림의 정·오 반응을 표시하세요.

	위치		①	②	③	④	⑤	⑥	⑦	⑧
날짜 ( ) 목표음 ( )	어두초성	1s								
	어두초성	2s								
	어중초성	1s								
	어중초성	2s								
	어두+어중	1s								
	어두+어중	2s								
	어말종성	1s								
	어말종성	2s								
	어중종성	1s								
	어중종성	2s								
	어말+어중	1s								
	어말+어중	2s								

	위치		①	②	③	④	⑤	⑥	⑦	⑧
날짜 ( ) 목표음 ( )	어두초성	1s								
	어두초성	2s								
	어중초성	1s								
	어중초성	2s								
	어두+어중	1s								
	어두+어중	2s								
	어말종성	1s								
	어말종성	2s								
	어중종성	1s								
	어중종성	2s								
	어말+어중	1s								
	어말+어중	2s								
비고										

음소탐지 연습 V (속삭이는 소리로 연습) CHECK LIST

예시

아 동 명: 김○○ **생년월일:** 2018. 01. 01. **S L P:** 고○○

※ 아래 작은 네모 칸에 8장의 단어 그림의 정 · 오 반응을 표시하세요.

	위치		①	②	③	④	⑤	⑥	⑦	⑧
날짜 (5/4) 목표음 (/ㄴ/)	어두초성	1s	+	+	+	+	+	−	+	+
	어두초성	2s	+	+	+	+	+	+	+	+
	어중초성	1s	+	+	+	+	+	+	−	−
	어중초성	2s	+	+	+	+	+	+	+	−
	어두+어중	1s								
	어두+어중	2s								
	어말종성	1s								
	어말종성	2s								
	어중종성	1s								
	어중종성	2s								
	어말+어중	1s								
	어말+어중	2s								
	위치		①	②	③	④	⑤	⑥	⑦	⑧
날짜 (5/7) 목표음 (/ㄴ/)	어두초성	1s								
	어두초성	2s								
	어중초성	1s	+	+	+	+	+	+	+	+
	어중초성	2s	+	+	+	+	+	+	+	+
	어두+어중	1s	+	+	+	+	−	−	+	+
	어두+어중	2s	+	+	+	+	+	+	+	+
	어말종성	1s								
	어말종성	2s								
	어중종성	1s								
	어중종성	2s								
	어말+어중	1s								
	어말+어중	2s								
비고	- 어두초성의 위치에서 5/4에 연속 1,2세트 동안 90% 이상 달성 - 어중초성의 위치에서는 5/4에 90% 달성하지 못하여, 5/7에 추가 연습 시 90% 달성									

11단계 음소탐지 연습 VI(말소리가 다른 단어 찾기)

활동 소개

- 제시한 단어들을 듣고 특정 위치에 같은 말소리로 구성된 단어와 다른 말소리로 구성된 단어를 구분하여 말소리가 다른 단어 찾기

※ 말소리가 다른 단어 찾기 연습은 음운인식 연습 과제에서 필수 과제는 아님

- 나이가 어린 아동, 지적능력이 낮은 아동은 생략할 수 있는 단계
- 음운인식 과제 중 가장 어려운 과제

활동 대상

- 10단계 기준을 달성한 아동
- 학령 직전기 또는 학령기 아동에게 적절

활동 목표

- 네 개의 제시된 단어를 듣고 특정 위치에 있는 같은 말소리 또는 다른 말소리로 구성된 이상한 단어(말소리가 다른 단어)를 구분하여 분류하기
  ▶ 목표로 선택한 두 개의 대조음이 포함된 단어 그림 3개 또는 4개 중 다른 말소리가 포함된 단어 1개 찾기 (3개 또는 4개 단어 중 한 개만 다른 말소리, 나머지는 같은 말소리로 구성)
- 특정 위치의 말소리가 달라서 분류된 '이상한 단어'와 '같은 말소리로 구성된 단어'와의 소리 차이 확인하기
  ▶ 분류한 이상한 1개의 단어가 다른 단어들과 소리가 어떻게 다른지 확인하기

활동 절차

❶ 이상한 단어 찾기 예시 두 가지 알려 주기

➔ 예) 치료사: "이제부터 선생님이 단어를 들려줄 거야. 들려주는 단어 중에서 하나는 소리가 이상할 거야, 잘 들어봐. 라면, 로봇, 나비, 레몬."
치료사: "선생님이 말한 단어 따라서 말해 볼래?"
아동: "라면, 로봇, 나비, 레몬."
치료사: "그래. 라면, 로봇, 레몬은 /ㄹ/로 시작해. 그런데 나비는 /ㄴ/로 시작하는 소리야."
치료사: "이번에는 다른 단어 말해 볼게. 잘 들어봐. 나초, 냉면, 낙타는 /ㄴ/로 시작해. 그런데 레고는 /ㄹ/ 로 시작하는 소리야."

❷ 그림카드를 제시하지 않고, 청각적 단서만으로 네 개의 단어를 들려주고 이상한 단어를 찾도록 제시하기

➔ 예) "이제 내가 들려주는 단어들을 듣고 다른 단어를 찾아 줘."
➔ ❶번에서 두 가지 예시를 알려 줬음에도 이번 과제에서 아동이 실패하거나 과제를 이해하지 못하면 그림카드를 보여 주면서 실시

- 과제 제시 순서

❶ 두 개의 대조음이 같은 조음위치, 같은 모음맥락에서 찾기

➔ 예) 라면/ 라디오/ 노래/ 락스, 3개 단어 → 4개 단어에서 찾기

❷ 두 개의 대조음이 같은 조음위치, 다른 모음맥락에서 찾기

➔ 예) 라면/ 로봇/ 눈사람/ 레몬

▶ 달성기준: 과제별 각 8회 연속 정반응 시 달성한 것으로 간주

주의사항

- 2개의 목표음 중 이상한 단어를 배치할 때 순서는 무작위로 하고, 연습하지 않은 새로운 단어를 포함하여 배치

- 들려주는 단어는 3~4개의 단어를 연속해서 한 번에 들려주기
- 아동이 요청하거나, 잘못 들었다고 판단되었을 경우, 과제별 총 2회까지 들려주기

사용 예시 영상	
우측의 QR 코드 사용	

음소탐지 연습VI(말소리가 다른 단어 찾기) CHECK LIST

아 동 명: ________________ 생년월일: ________________ S L P: ________________

연습 날짜		목표음		위치	어두초성	어중초성
					어말종성	어중종성

※ 아래 작은 네모 칸에 정·오 반응을 표시하세요.

3음절/4음절 모음맥락 (같은/다른)							
3음절/4음절 모음맥락 (같은/다른)							
비고							

연습 날짜		목표음		위치	어두초성	어중초성
					어말종성	어중종성

※ 아래 작은 네모 칸에 정·오 반응을 표시하세요.

3음절/4음절 모음맥락 (같은/다른)							
3음절/4음절 모음맥락 (같은/다른)							
비고							

음소탐지 연습VI(말소리가 다른 단어 찾기) CHECK LIST

예시

아 동 명: 김○○ **생년월일:** 2018. 01. 01. **S L P:** 고○○

<table>
<tr><td rowspan="2">연습 날짜</td><td rowspan="2">2024.
05. 04.</td><td rowspan="2">목표음</td><td rowspan="2" colspan="2">/ㄴ/, /ㄹ/</td><td rowspan="2">위치</td><td>어두초성</td><td>어중초성</td></tr>
<tr><td>어말종성</td><td>어중종성</td></tr>
<tr><td colspan="9">※ 아래 작은 네모 칸에 정·오 반응을 표시하세요.</td></tr>
<tr><td rowspan="2">3음절/4음절
모음맥락
(같은/다른)</td><td>+</td><td>+</td><td>+</td><td>+</td><td>-</td><td>-</td><td>+</td><td>+</td></tr>
<tr><td>+</td><td>+</td><td>+</td><td>+</td><td>+</td><td>+</td><td></td><td></td></tr>
<tr><td rowspan="2">3음절/4음절
모음맥락
(같은/다른)</td><td></td><td></td><td></td><td></td><td></td><td></td><td></td><td></td></tr>
<tr><td></td><td></td><td></td><td></td><td></td><td></td><td></td><td></td></tr>
<tr><td>비고</td><td colspan="8"></td></tr>
</table>

<table>
<tr><td rowspan="2">연습 날짜</td><td rowspan="2"></td><td rowspan="2">목표음</td><td rowspan="2" colspan="2"></td><td rowspan="2">위치</td><td>어두초성</td><td>어중초성</td></tr>
<tr><td>어말종성</td><td>어중종성</td></tr>
<tr><td colspan="9">※ 아래 작은 네모 칸에 정·오 반응을 표시하세요.</td></tr>
<tr><td rowspan="2">3음절/4음절
모음맥락
(같은/다른)</td><td></td><td></td><td></td><td></td><td></td><td></td><td></td><td></td></tr>
<tr><td></td><td></td><td></td><td></td><td></td><td></td><td></td><td></td></tr>
<tr><td rowspan="2">3음절/4음절
모음맥락
(같은/다른)</td><td></td><td></td><td></td><td></td><td></td><td></td><td></td><td></td></tr>
<tr><td></td><td></td><td></td><td></td><td></td><td></td><td></td><td></td></tr>
<tr><td>비고</td><td colspan="8"></td></tr>
</table>

12단계 산출연습(문장 수준에서의 목표음 산출)

활동 소개

- 다양한 활동을 통해 문장 수준에서 목표음의 정확한 소리 산출
- ★단계 달성 이후에 5~11단계 상위음운 과제와 함께 또는 단독으로 연습

활동 목표

- 대조되는 각 목표음을 다양한 활동의 문장 수준에서 정조음 산출하기

활동 대상

- 단어 수준에서 두 개의 목표 대조음을 90% 이상 정조음 산출이 가능한 아동

활동 절차

❶ 운반구 활용 연습하기

- 목표 대조음을 포함하여 운반구를 산출하도록 요청하기

  예) { }이(가) { }을(를) 먹어요.

➔ 운반구 빈칸 { }에 목표단어 그림을 올려 놓고 문장으로 산출

운반구 예) "로봇이 라면을 먹어요."

"루피가 레몬을 먹어요."

❷ 스크립트 문맥 사용, 이야기 재구성, 역할 놀이 상황에서 연습하기

달성기준

▶ 준비한 과제에서 아동이 자발적으로 산출한 문장에서 80% 이상 정조음 산출 시 다음 과제로 넘어감

▶ 종결 기준: 과제별 3회기 연속 80% 이상 정조음 산출

주의사항

※ 음운동화, 음운변동 오류 등 음운과 관련한 오류들은 반응 오류로 계산하지만, 문법형태소 등 구문 오류는 반응 오류로 계산하지 않음

사용 예시 영상
우측의 QR 코드 사용

12단계 산출연습 CHECK LIST

아 동 명:________________ 생년월일:________________ S L P:________________

<table>
<tr><td rowspan="2">연습 날짜</td><td rowspan="2"></td><td rowspan="2">목표음</td><td colspan="2" rowspan="2"></td><td rowspan="2">위치</td><td>어두초성</td><td>어중초성</td></tr>
<tr><td>어말종성</td><td>어중종성</td></tr>
<tr><td colspan="8">※ 아래 작은 네모 칸에 정·오 반응을 표시하세요.</td></tr>
<tr><td rowspan="2">과제 유형
(　　)</td><td></td><td></td><td></td><td></td><td></td><td></td><td></td></tr>
<tr><td></td><td></td><td></td><td></td><td></td><td></td><td></td></tr>
<tr><td rowspan="2">과제 유형
(　　)</td><td></td><td></td><td></td><td></td><td></td><td></td><td></td></tr>
<tr><td></td><td></td><td></td><td></td><td></td><td></td><td></td></tr>
<tr><td>비고</td><td colspan="7"></td></tr>
</table>

<table>
<tr><td rowspan="2">연습 날짜</td><td rowspan="2"></td><td rowspan="2">목표음</td><td colspan="2" rowspan="2"></td><td rowspan="2">위치</td><td>어두초성</td><td>어중초성</td></tr>
<tr><td>어말종성</td><td>어중종성</td></tr>
<tr><td colspan="8">※ 아래 작은 네모 칸에 정·오 반응을 표시하세요.</td></tr>
<tr><td rowspan="2">과제 유형
(　　)</td><td></td><td></td><td></td><td></td><td></td><td></td><td></td></tr>
<tr><td></td><td></td><td></td><td></td><td></td><td></td><td></td></tr>
<tr><td rowspan="2">과제 유형
(　　)</td><td></td><td></td><td></td><td></td><td></td><td></td><td></td></tr>
<tr><td></td><td></td><td></td><td></td><td></td><td></td><td></td></tr>
<tr><td>비고</td><td colspan="7"></td></tr>
</table>

12단계 산출연습 CHECK LIST

예시

아 동 명: 김○○ 생년월일: 2018. 01. 01. S L P: 고○○

연습 날짜	2024. 05. 04.	목표음	/ㄴ/, /ㄹ/	위치	어두초성	어중초성	
					어말종성	어중종성	
※ 아래 작은 네모 칸에 정·오 반응을 표시하세요.							
과제 유형 (운반구)	+	+	+	+	-	-	+	+
	+	+	+	+	+	+	
과제 유형 (스크립트)							
비고							

연습 날짜	2024. 05. 04	목표음	/ㄴ/, /ㄹ/	위치	어두초성	어중초성	
					어말종성	어중종성	
※ 아래 작은 네모 칸에 정·오 반응을 표시하세요.							
과제 유형 (운반구)	+	+	+	+	+	+	+	+
과제 유형 (스크립트)	+	+	+	-	-	+	+	+
	+	+	-	-	+	-	-	-
비고							

부록 CHECK LIST 부착용 그림

양순파열음/ㅂ ㅃ ㅍ/

삐약 삐약

치경파열음 /ㄷ ㄸ ㅌ/

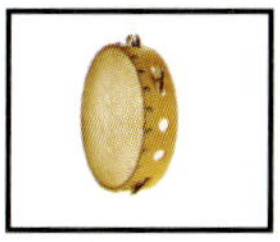     

     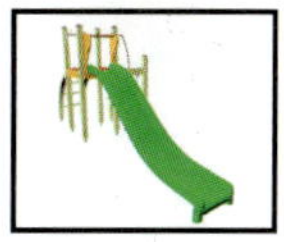

연구개파열음 /ㄱ ㄲ ㅋ/

    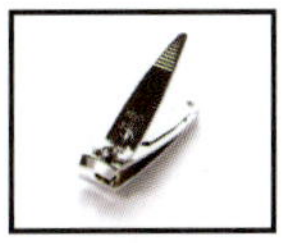 

양순비음 /ㅁ/

치경비음 /ㄴ/

연구개비음/ㅇ/

유음 /ㄹ/

치경마찰음/ㅅ ㅆ/

경구개파찰음/ㅈ ㅉ ㅊ/

부록 CHECK LIST 부착용 도형 그림

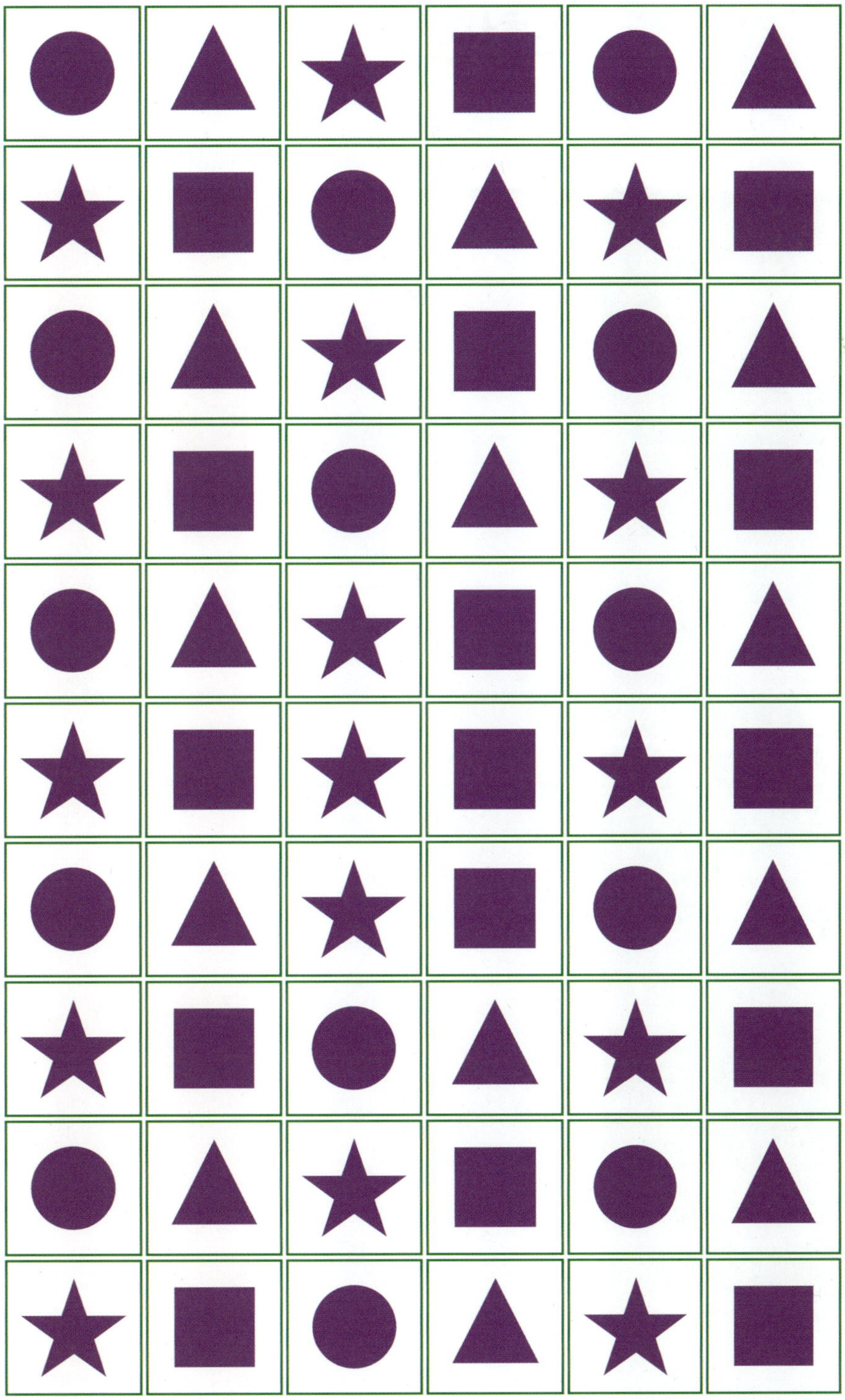

도형판

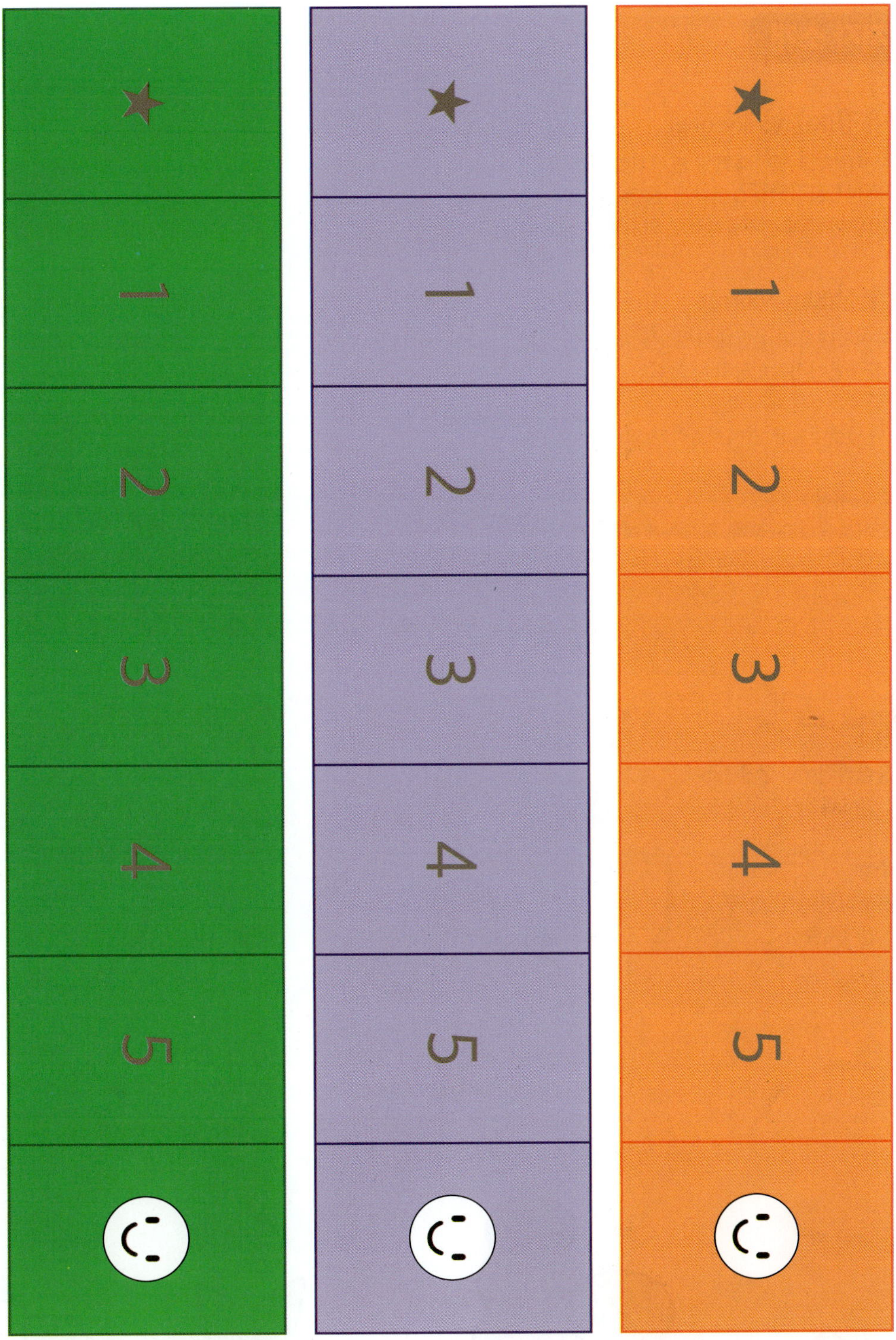

저자 소개

고유경(Ko, Yookyeong)

나사렛대학교 일반대학원 언어치료학 박사
현 바른소리언어학습연구소 소장
사단법인 제주특별자치도 위드피플 대표이사

김수진(Kim, Soojin)

이화여자대학교 일반대학원 언어병리학 박사
전 한국언어청각임상학회 학회장
한국음성학회 학회장
현 나사렛대학교 언어치료학과 교수

〈주요 저서〉
말소리장애(2판, 공저, 시그마프레스, 2020)
우리말조음음운검사2(UTAP2, 공저, 인싸이트, 2020) 등 다수

중재 영상

서진아
바른소리언어학습연구소
1급 언어재활사

김주향
바른소리언어학습연구소
1급 언어재활사

조음음운치료 시리즈1
말소리장애 아동 및 느린학습자를 위한 12단계
메타음운중재 프로그램
Meta-phonological Intervention Program

2025년 9월 10일 1판 1쇄 인쇄
2025년 9월 15일 1판 1쇄 발행

지은이 • 고유경·김수진
펴낸이 • 김진환
펴낸곳 • (주) 학지사
04031 서울특별시 마포구 양화로 15길 20 마인드월드빌딩
대표전화 • 02)330-5114 팩스 • 02)324-2345
등록번호 • 제313-2006-000265호

홈페이지 • http://www.hakjisa.co.kr
인스타그램 • https://www.instagram.com/hakjisabook

ISBN 978-89-997-3527-1 93370

정가 25,000원

저자와의 협약으로 인지는 생략합니다.
파본은 구입처에서 교환해 드립니다.